彌生時代의 石器
야요이시대의 석기

● 지은이

平井勝 _ 히라이 마사루

1948년 오카야마(岡山)시 출생
1974년 릿쇼(立正)대학 문학부 사학과 졸업
오카야마(岡山)현 고대 키비(吉備) 문화재센터 조사 제1과 제2계 문화재보호 주간(主幹)
2000년 작고

주요논문
「繩文時代」『岡山縣の考古學』(1987)
「岡山における繩文晩期突帶文土器の樣相」『古代吉備』10 (1988)
「繩文時代晩期における中・四國の地域性」『考古學硏究』142 (1989)
『岡山縣史考古資料編』(1996, 共著)

● 옮긴이

孫晙鎬 _ 손준호

1972년 서울 출생
2006년 고려대학교 문화재학과 고고학전공 문학박사
현재 한국고고환경연구소 책임연구원

주요논문
「磨製石器 分析을 통한 寬倉里遺蹟 B區域의 性格 檢討」『韓國考古學報』51 (2003)
「韓日 靑銅器時代 石器 比較」『嶺南考古學』38 (2006)
「韓國靑銅器時代磨製石器硏究の回顧と展望」『古文化談叢』55 (2006)
『靑銅器時代 磨製石器硏究』(2006)

야요이시대의 석기
彌生時代의 石器

초판인쇄일 : 2007년 2월 25일 / 초판발행일 : 2007년 2월 28일 /
지은이 : 平井勝 _ 히라이 마사루 / 옮긴이 : 孫晙鎬 _ 손준호 / 발행인 : 김선경 / 발행처 : 도서출판 서경문화사 /
인쇄 : 한성인쇄 / 제책 : 반도제책사 / 등록번호 : 제 1 - 1664호 / 주소 : 서울 종로구 동숭동 199 - 15(105호) /
전화 : 743 - 8203, 8205 / 팩스 : 743 - 8210 / 메일 : sk8203@chollian.net

ISBN 89-6062-004-1   93900

* 파본은 본사나 구입처에서 교환하여 드립니다.

정가   8,000원

彌生時代의 石器
야요이시대의 석기

平井 勝 지음 / 孫晙鎬 옮김

서경문화사

彌生時代의 石器
야요이시대의 석기

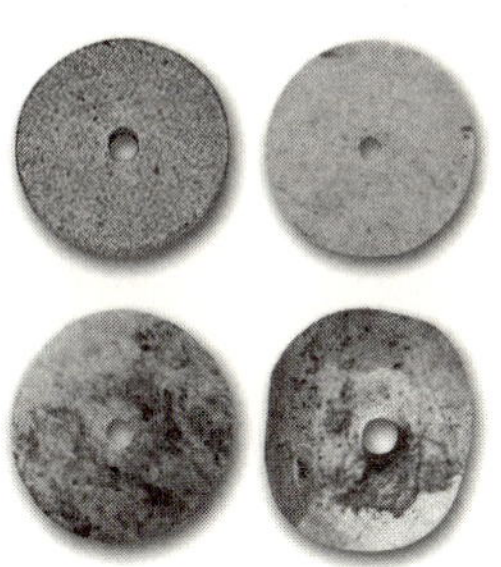

平井勝 _ 히라이 마사루 지음
孫晙鎬 _ 손준호 옮김

〈지도 1〉 일본의 지역 및 행정구역명

1. 砂澤　　　26. 登呂　　　51. 天王　　　71. 立屋敷
2. 垂柳　　　27. 有東　　　52. 木の宗山　72. 西中ノ澤
3. 地藏田B　28. 中屋敷　　53. 花園　　　73. 安國寺
4. 常盤　　　29. 山木　　　54. 帝釋峽　　74. 免田
5. 生石2　　30. 服部　　　55. 津島　　　75. 檜
6. 桝形囲　　31. 扇谷　　　56. 百間川　　76. 大萩
7. 千種　　　32. 會下山　　57. 古照　　　77. 高橋
8. 横山　　　33. 田能　　　58. 龍河洞　　78. 成川
9. 荒屋敷　　34. 櫻ヶ丘　　59. 田村
10. 南御山　　35. 桑津　　　60. 庄
11. 女方　　　36. 國府　　　61. 里田原
12. 御布呂　　37. 池上　　　62. 菜畑
13. 彌生町　　38. 瓜破　　　63. 井原鑓溝
14. 須和田　　39. 瓜生堂　　64. 三津
15. 宮ノ臺　　40. 船橋　　　65. 吉野ヶ里
16. 大塚　　　41. 唐古·鍵　66. 曲り田
17. 三殿臺　　42. 新澤　　　67. 三雲
18. 小田原　　43. 向山　　　68. 板付
19. 八日市地方　44. 大久保　69. 金隈
20. 井向　　　45. 堅田　　　70. 須玖岡本
21. 大地　　　46. 後中尾
22. 西志賀　　47. 原山
23. 瑞穂　　　48. 荒神谷
24. 高橋　　　49. 加茂岩倉
25. 伊場　　　50. 土井ヶ浜

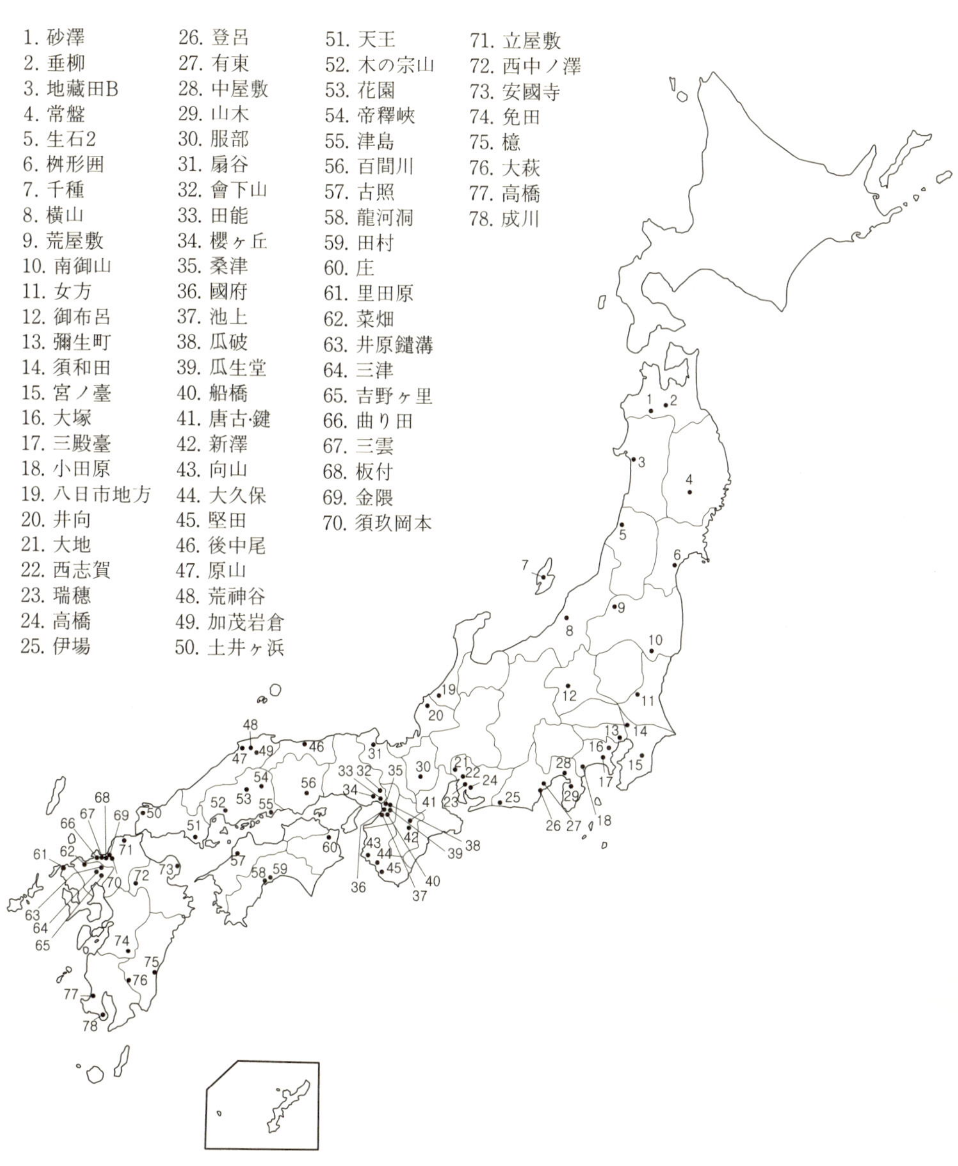

〈지도 2〉 야요이시대 주요 유적 위치도

야요이(彌生)시대에 금속기가 도입되었다고는 하지만, 중기까지는 역시 다수의 석기가 이용되고 있었다. 그러나 후기가 되면 석기는 급속히 감소하고 금속기가 보급되는 것이 살펴진다. 여기서 수만 년에 걸친 석기의 역사는 막을 내리게 되는 것이다.

야요이시대 석기의 특징으로는 크게 세 가지를 들 수 있다. 첫 번째는 벼농사 기술과 함께 전래된 대륙계 마제석기군이다. 두 번째는 전쟁에 있어서만 이용된 전용무기가 보인다는 것이다. 세 번째는 금속기의 모방이 행하여졌다는 점을 들 수 있다. 그리고 이러한 특징들에 죠몬(繩文)시대부터 계속된 석기가 추가되어 야요이시대의 석기군을 구성하고 있다.

이와 같이 다양한 야요이시대 석기군 모두를 언급하는 것은 필자의 능력을 넘어선다. 따라서 이 책에서는 주요한 것들에 대해서만 연구사, 형태분류, 시기적 변천과 지역적 개관 등을 다루었으며, 그밖에 기능이나 용도 등에 대한 부분도 약간 언급하였다.

이 책의 전체적 구성은 석기의 기초지식으로부터 각 기종마다의 개관, 지역적인 석기 조합의 흐름, 석기 소멸의 양상을 기술하고 있지만, 생산과 유통에 대해서는 다루지 못하였다. 이마야마(今山)산 석부, 타테이와(立岩)산 반월형석도 등의 제작과 분포권을 시작으로 한 생산과 유통의 연구는 야요이시대의 분업과 관련된 중요한 과제이지만, 언급하지 못한 것은 필자의 태만이다.

이 책은 많은 선학의 업적에 힘입은 바 크며, 도면 · 사진 등도 많은 것을 기존 성과에서 그대로 차용하였다. 또한, 오카야마(岡山)현 고대 키비(吉備) 문화재센터의 선배 · 동료들, 마츠기 타케히코(松木武彦) 씨, 히라이 노리코(平井典子) 씨 등 여러분들의 가르침과 협력을 받았다. 뉴 · 사이언스(new · science)사 편집부의 쿠보 토시아키(久保敏明) 씨는 이 책의 집필을 권해주었다. 이상 모든 분들에게 감사의 뜻을 전한다.

平井 勝 _ 히라이 마사루

Ⅰ 야요이시대의 정의

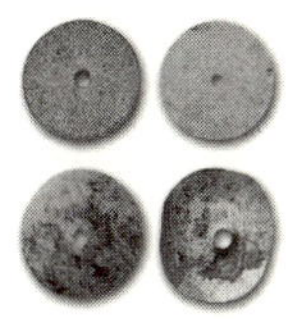

1. 시대구분

야요이시대는 벼농사의 개시를 그 시작으로 하며, 전방후원분으로 대표되는 고분의 출현에 의하여 종말을 맞이한다. 그러나 구체적인 고고학자료를 이용하여 시대구분을 할 때에는 연구자에 따라서 이해의 방식에 차이가 있기 때문에 하나의 결정된 시대구분론이 존재하는 것은 아니다. 특히, 최근의 대규모 발굴조사를 통한 다양한 유구와 유물의 급증은 문제를 더욱 복잡하게 만들고 있다.

아무튼 시대를 구분할 때 기준이 되는 획기를 설정하는 원칙은 무엇일까? 콘도 요시로(近藤義郎)는 '특징적이고 중요하며 보편화된 고고학자료'의 출현을 통하여 획기가 설정되고, 시대가 구분되어진다고 기술하였다. 콘도가 이야기한 원칙을 그대로 적용하면, 야요이시대의 개시는 논유구, 수로, 목제 농경구, 대륙계 마제석기군,[1] 철제 공구, 벼 등의 몇 가지 조합상이 출현하는 시점으로 인식하는 것이 가능하다.

2. 시대의 특징

야요이시대에는 벼농사를 기반으로 한 생활이 시작되었다. 벼농사가

역주 1 대륙계 마제석기란 중국이나 한반도 등 동아시아 대륙에서 출현·생성하여 논농사와 함께 일본열도로 전파된 새로운 마제석기군을 일컫는다(下條信行 1995).

한반도에서 일본으로 전해진 것이 돌대문토기 시기에 해당한다는 사실은 후쿠오카(福岡)현 이타즈케(板付)유적과 사가(佐賀)현 나바타케(菜畑)유적에서 발견된 논유구 등을 통하여 밝혀진 바 있다. 북부 큐슈(九州)에 전래된 벼농사는 츄고쿠(中國)·시코쿠(四國)를 거쳐 킨키(近畿)지방에까지 점차 확산된다. 그리고 전기에는 큐슈로부터 토카이(東海)까지 면적이 확대되는데, 일부는 토호쿠(東北)지방에까지 이르게 된다.

그런데 일본에 전래된 벼농사는 단순히 기술적인 요소만 있었던 것이 아니라, 대륙계 마제석기·금속기는 물론 사상·풍속에 이르기까지 실로 많은 문물을 수반하였다. 따라서 이러한 것들의 전부, 또는 그 중 몇 가지가 논유구와 세트를 이룬 것이 야요이문화로서 각 지역에 확산되었으며, 그 결과 당시의 생활에 큰 변화를 가져오게 되었다.

또한, 야요이시대는 뚜렷한 계층의 차이가 발생하기 시작한 시기이기도 하다. 전기에는 논유구가 좁고 패총을 동반하는 유적이 다수 확인되는 것을 볼 때, 역시 생산력은 크지 않았던 것으로 생각된다. 그러나 전기에서 중기로 갈수록 유적이 확산된다는 사실을 통하여 생산력이 점차 발전되었음을 짐작할 수 있다. 후기가 되면 뚜렷하게 논유구가 확대되는 현상이 관찰되는데, 이를 가능하게 한 것은 석기의 소멸로부터 추정되는 철기의 보급이 큰 요인 중 하나였을 것이다. 뚜렷한 경작지의 확대는 생산력을 비약적으로 증대시켰지만, 그 잉여생산물의 불균등한 분배에 의하여 그때까지 서서히 진행되어 가던 계층의 차이가 두드러지게 나타났을 것으로 추정된다.

한편, 야요이문화는 열도 각지로 확산되었지만, 그 범위는 남쪽 사츠난(薩南) 제도로부터 북쪽 토호쿠지방까지이다. 남쪽 끝 오키나와(沖繩)의 섬들을 포함한 난토(南島)에는 '난토문화'가, 북쪽 끝의 홋카이도(北海道)에는 '속 죠몬문화'가 존재하면서, 야요이시대 이후에도 채집에 기초한 생활을 영위하였다.

3. 시기구분과 절대연대

야요이시대의 시기구분은 야요이토기의 연구에 기초하여 진행되고 있
다. 그렇다면 야요이토기란 어떤 것인가? 야요이토기는 '야요이시대의 토
기'라고 정의할 수 있다.

지금까지 야요이시대는 전·중·후의 3기로 크게 구분되었다. 그러나
야요이시대의 시작을 알리는 벼농사가 돌대문토기 단계까지 올라가는 것
이 밝혀졌기 때문에, 필연적으로 돌대문토기는 야요이토기의 범주에 포함
된다. 현재까지는 아직 북부 큐슈(九州)에 한정되지만, 츄고쿠(中國)·시코
쿠(四國)에서부터 킨키(近畿)의 일부 지역까지 확대되었을 가능성이 크다.[2]

이 책에서는 사하라 마코토(佐原眞)의 명쾌한 설명을 근거로 하여 전기
의 앞에 조기를 설정하였다. 따라서 야요이시대는 조·전·중·후의 4기로
대별된다.

그런데 4기로 구분된 각 시기의 절대연대(曆年代)는 어느 정도일까? 일
반적으로 야요이시대의 절대연대는 대륙제 금속기를 근거로 파악되고 있
지만, 그 연대의 폭이 크기 때문에 결정하는 것이 쉽지 않다.

전기의 절대연대에 대해서는 오카우치 미츠자네(岡內三眞)의 연구가
있다. 그는 한반도의 초기 금속기문화에 대한 편년과 중국계 자료를 근거
로 절대연대를 구하였으며, 이들과 일본 출토 금속기와의 병행관계를 통하
여 전기 말을 기원전 200년경으로 상정한 바 있다. 전기 초두 혹은 조기, 즉
야요이시대의 개시연대에 대한 추정은 어려운 것이지만, 한반도 무문토기
와의 관계를 통하여 대략 기원전 500년경에서 야요이시대의 시작을 구하고
있다.[3]

중기가 되면 거울을 중심으로 중국제의 금속기 출토 예가 증가하기 때

역주 2 돌대문토기의 지역 범위에 대한 이러한 추정은 그 후의 발굴성과에 의하여 고고학적
으로 입증되었다. 보다 구체적인 내용은 다음의 책을 참고하기 바란다(土器特寄會論
文集刊行會 2000).

문에 비교적 확실한 연대를 구할 수 있다. 북부 큐슈의 옹관 출토 중국제 거울을 통하여 확인된 중기의 연대는 기원전 2세기 초부터 기원후 1세기의 마지막까지이다. 그리고 후기의 마지막은 고분의 출현과 함께 생각하여야 하는데, 3세기 중반경을 전후한 것으로 추정되고 있다.

한편, 후기의 시작에 대해서는 사하라 마코토 등은 2세기 말, 이시노 히로노부(石野博信), 모리오카 히데토(森岡秀人) 등은 1세기 중반경으로 생각하고 있다.

역주3 최근 AMS법에 의한 방사성탄소연대 측정치를 근거로, 야요이시대 개시연대를 기원전 1000년 정도로 보는 견해가 발표되고 있다(春成秀爾 外 2004). 발표 당시부터 일본 고고학계에 커다란 반향이 있었으며, 현재 이에 대한 다각적인 검증이 이루어지고 있는 실정이다(雄山閣 2004). 따라서 야요이시대의 개시연대는 기원전 500년보다 상향 조정될 가능성이 높다.

II 석기의 특징

야요이시대에는 금속기가 도입되었지만, 역시 석기를 이용하는 경우가 많았다. 야요이시대 석기의 특징은 첫 번째가 대륙계 마제석기군의 출현이며, 두 번째는 전쟁 목적의 무기류가 추가된 사실을 들 수 있다.

대륙계 마제석기군은 여러 종류의 석기 전부가 일시에 도입된 것은 아니며, 몇 번에 걸친 한반도와의 교류에 의하여 이루어진 것이다. 그 중 마제석부류와 석포정(石庖丁)[4] 등은 조기의 이른 시기부터 확인되는데, 다소의 형태적 차이가 지적되기는 하지만 한반도 청동기시대 석기와의 유사성을 부정하기 어렵기 때문에 벼농사와 함께 한반도 남부지방에서 전래된 것이 분명하다.

이러한 마제석기군은 일본 내에서 변화를 보이면서 각 지역으로 확산된다. 그 조합은 매우 다양하며, 큐슈(九州)에서 토호쿠(東北)지역까지 빠짐없이 확인되는 것은 마제석부류와 석포정이다.

두 번째 특징인 전쟁의 도구는 마제석기군 가운데 마제석촉이나 마제석검 등이 있으며, 이것에 타제의 무기도 첨가된다. 죠몬시대에도 때때로 전쟁은 있었다. 그러나 다른 목적으로 사용되던 도구를 전쟁에 이용하였으

역주 4 반월형석도를 일본에서는 석포정이라 부른다. 반월형석도의 형태가 에스키모인들의 칼과 유사하기 때문에 처음에는 그 기능을 부엌칼(庖丁)로 파악하여 이러한 명칭을 부여하였다. 그 후의 연구에 의하여 수확구임이 밝혀졌는데, 이는 단순한 민족사례의 유추가 반드시 올바른 기능 추정에 이르지 못함을 보여주는 대표적인 예이다(鈴木公雄 1988).

며, 전쟁 목적의 전용무기를 가진 것은 아니었다.

야요이시대가 되면 전기에 적의 공격을 방어하기 위한 환호취락이 성립되고 있어 무기의 출현과 함께 전쟁이 시작된 것을 살필 수 있다. 특히, 서일본에서 중기 후반~말에 걸친 석제 무기의 발달은 정치적인 지역 간 항쟁을 떠올리게 한다.

한편, 석기제작기술 가운데 타제 기술은 죠몬시대로부터의 전통을 받아 계승된 것이다. 그러나 이 박편박리기술에 대해서는 아직까지 명확하지 않은 점이 많다. 구석기시대에는 목적으로 하는 도구에 적합한 박편을 얻기 위하여 많은 노력을 기울인 것에 반하여, 야요이시대에는 여러 가지 석기로 사용할 수 있는 부정형 박편을 얻는 박리기법을 이용하였다. 따라서 박편에 대한 변형 정도는 높은 편이다.

마제 기술도 죠몬시대로부터 계승된 것이 있지만, 그 기술의 일부는 한반도로부터 전해진 것이다. 또한, 야요이시대의 석기 가운데 금속기 모방품이 확인되는 것도 특징의 하나로 생각된다. 모방 자체는 이미 대륙계 마제 석기군에서 관찰되지만, 일본에서도 독자적으로 타제 · 마제에 관계없이 제작되고 있다.

Ⅲ 석기의 관찰

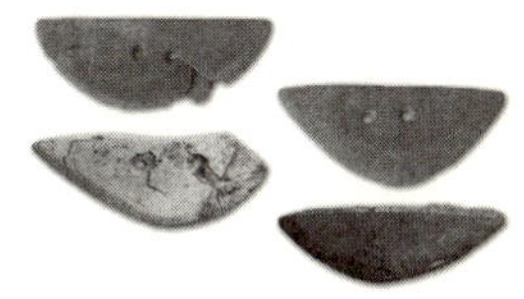

1. 석기의 분류

석기의 분류는 대상이 되는 석기가 가진 정보를 조합하여 각각의 종류로 나누는 작업이다. 그러나 분류는 어떠한 항목을 기준으로 구분하는가에 따라서 결과가 달라지게 된다.

예를 들어 석기의 제작기술에 따라 분류한다면, 타제석기와 마제석기, 혹은 박편석기·석핵석기 등으로 나누어질 것이다. 한편, 용도나 기능에 따라 분류하면, 농경구·공구·수렵구 등으로 구분하는 것이 가능하다.

2. 석기의 제작기술

1) 소재박편의 박리

석기를 관찰하여 분류하기 위해서는 우선 돌을 분할하는 방법을 알아야만 한다. 돌덩이로부터 박리된 석편을 '박편' 이라 부르며, 그 나머지 돌덩이를 '석핵' 이라 한다. 이 때의 박편이 석기를 만들기 위한 것이라면 '소재박편' 이 되고, 만들어진 석기는 '박편석기' 로 분류된다. 그러나 돌덩이 그 자체를 도구로 가공하기 위한 과정에서 생성된 박편은 '조정박편' 이 되며, 석기는 '석핵석기' 로 분류된다.

그런데 석핵에서 박리된 박편은 석핵으로부터 떨어진 면을 내면(腹面) 또는 주요 박리면, 처음 석핵의 표면으로 있던 면을 외면(背面)이라 부른

<영역 표 1> 기능·용도에 의한 분류(○ 표시는 야요이시대에 출현한 석기)

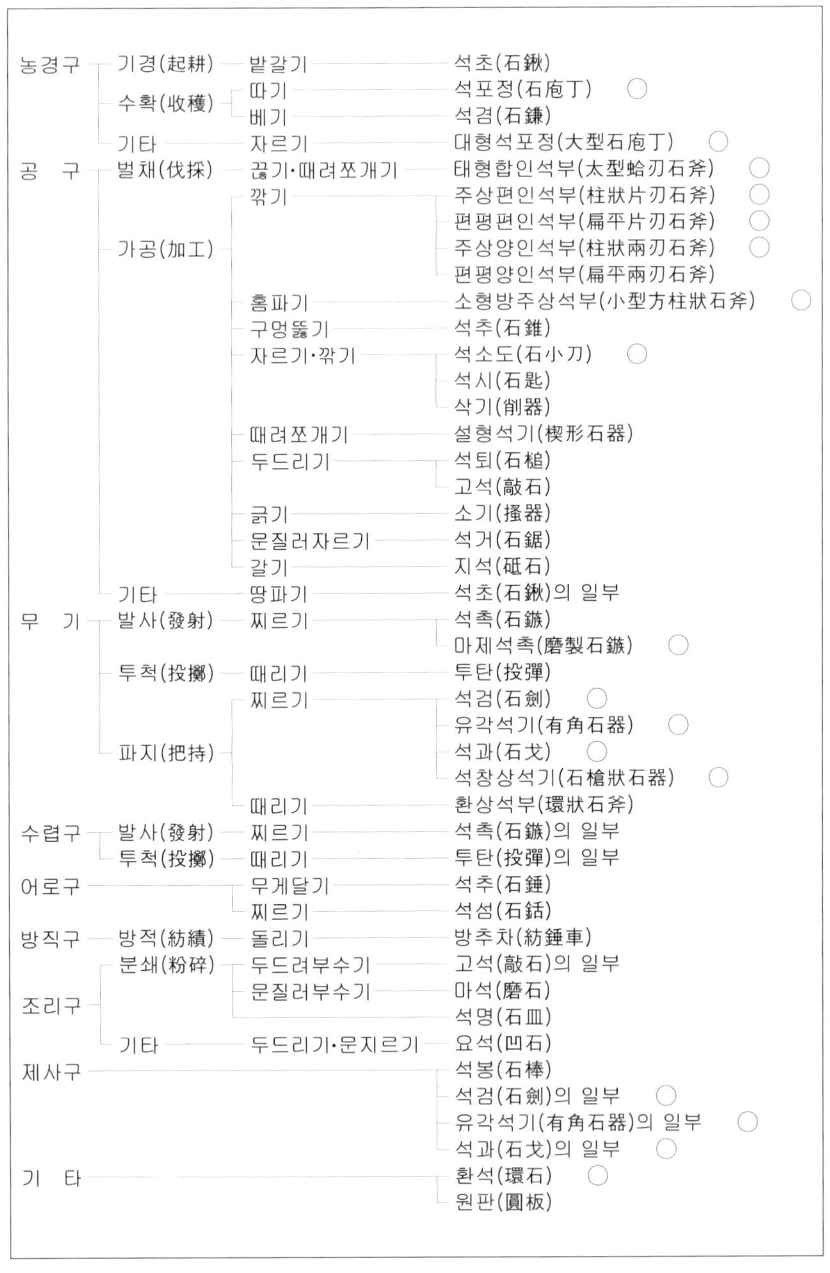

대분류	중분류	소분류	석기명	야요이
농경구	기경(起耕)	밭갈기	석초(石鍬)	
	수확(收穫)	따기	석포정(石庖丁)	○
		베기	석겸(石鎌)	
	기타	자르기	대형석포정(大型石庖丁)	○
공 구	벌채(伐採)	끊기·때려쪼개기	태형합인석부(太型蛤刃石斧)	○
	가공(加工)	깎기	주상편인석부(柱狀片刃石斧)	○
			편평편인석부(扁平片刃石斧)	○
			주상양인석부(柱狀兩刃石斧)	○
			편평양인석부(扁平兩刃石斧)	
		홈파기	소형방주상석부(小型方柱狀石斧)	○
		구멍뚫기	석추(石錐)	
		자르기·깎기	석소도(石小刀)	○
			석시(石匙)	
			삭기(削器)	
		때려쪼개기	설형석기(楔形石器)	
		두드리기	석퇴(石槌)	
			고석(敲石)	
		긁기	소기(搔器)	
		문질러자르기	석거(石鋸)	
		갈기	지석(砥石)	
	기타	땅파기	석초(石鍬)의 일부	
무 기	발사(發射)	찌르기	석촉(石鏃)	
			마제석촉(磨製石鏃)	○
	투척(投擲)	때리기	투탄(投彈)	
		찌르기	석검(石劍)	○
			유각석기(有角石器)	○
	파지(把持)		석과(石戈)	○
			석창상석기(石槍狀石器)	○
		때리기	환상석부(環狀石斧)	
수렵구	발사(發射)	찌르기	석촉(石鏃)의 일부	
	투척(投擲)	때리기	투탄(投彈)의 일부	
어로구		무게달기	석추(石錘)	
		찌르기	석성(石銛)	
방직구	방적(紡績)	돌리기	방추차(紡錘車)	
조리구	분쇄(粉碎)	두드려부수기	고석(敲石)의 일부	
		문질러부수기	마석(磨石)	
			석명(石皿)	
	기타	두드리기·문지르기	요석(凹石)	
제사구			석봉(石棒)	
			석검(石劍)의 일부	○
			유각석기(有角石器)의 일부	○
			석과(石戈)의 일부	○
기 타			환석(環石)	○
			원판(圓板)	

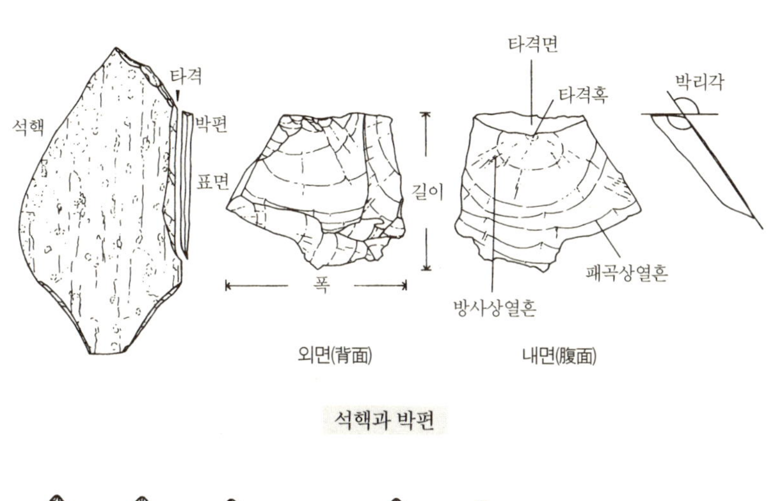

석핵과 박편

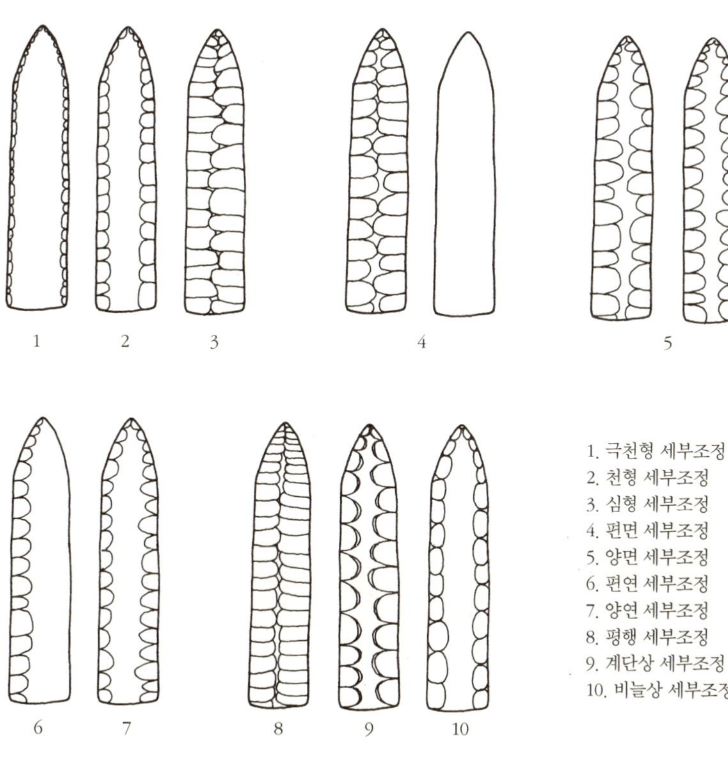

세부조정

〈그림 1〉 박편과 세부조정의 명칭(세부조정은 加藤晋平 外 1980을 일부 수정)

다. 박편의 안쪽에는 타격혹(打瘤 bulb of percussion)이라 불리는 상대적으로 높은 곳이 있다. 그리고 박편의 양쪽 면에는 타격점에서 동심원상으로 퍼진 조개껍질 모양의 혼적(貝殼狀裂痕 ring)과 동일한 타격점으로부터 여러 방향으로 뻗은 혼적(放射狀裂痕 fissure)이 관찰된다. 이러한 특징에 의하면 타격점이나 타격혹이 사라진 석기에서도 박리의 방향을 아는 것이 가능하다.

한편, 박리는 타격점을 중심으로 하여 가로로 긴 것을 '종장박편', 세로 방향으로 긴 것을 '횡장박편'이라고 하지만, 야요이시대의 박편은 양쪽에 포함되지 않는 부정형의 것이 많다.

2) 성형과 조정

박편석기나 석핵석기를 만드는 과정은 크게 두 가지로 나누어진다. 첫째는 대체적인 형태를 만들기 위한 가공으로 이것을 성형이라 한다. 둘째는 날 부분을 포함한 세부적인 가공으로 이것을 세부조정(세부가공)이라 한다. 세부조정은 다시 다음과 같이 세분된다(加藤晋平 外 1980). 우선, 조정의 깊이에 따라 소재 폭의 1/2 이상 되는 것을 '심형(深形) 세부조정', 1/4~1/2 정도인 것을 '천형(淺形) 세부조정', 1/4 이하인 것을 '극천형(極淺形) 세부조정'이라 한다.

다음으로 세부조정의 위치에 따라 소재의 한쪽 면 전체에 행한 것을 '편면(片面) 세부조정', 양쪽 면 전체에 행한 것을 '양면 세부조정', 한쪽 가장자리만 행한 것과 양쪽 가장자리 모두에 행한 것을 각각 '편연(片緣) 세부조정', '양연(兩緣) 세부조정'으로 구분한다.

조정의 각도에 따라서는 60° 이상의 타격각을 보이는 '급사도(急斜度) 세부조정'과 60° 이하인 '완사도(緩斜度) 세부조정'으로 나누어진다. 그리고 세부조정의 형태에 의해서 세장하고 평행하게 이루어진 '평행 세부조정'과 박편의 끝 부분이 계단 형태로 된 '계단상 세부조정', 물고기 비늘 모양의 '비늘상 세부조정'으로 구분한다.

한편, 세부조정의 크기를 기준으로 하면, 천형 · 극천형 조정으로 세밀하게 된 것을 '세면(細面) 세부조정', 심형 조정에 의하여 큼직한 형태를 이루는 것을 '조면(粗面) 세부조정' 이라 한다.

이상과 같이 언급된 박편박리나 세부조정은 주로 타제석기의 제작에 이용된 것이지만, 세부조정 단계에 이르는 과정까지는 마제석기의 제작과 공통점이 많다.

마제석기는 타격에 의하여 대체적인 형태로 성형한 다음, 세부조정을 행하여 형태를 다듬는다. 이러한 것은 마제석부류라면 석핵석기, 마제석포정이나 마제석촉 등이라면 박편석기의 제작 과정과 유사하다. 그 후 표면을 '고타(敲打)' 에 의하여 평탄하게 만들고, '마연' 을 행하여 완성한다.

3. 석기의 사용흔

용도란 어떻게 사용하였는가, 즉 쓰이는 방법을 뜻하며, 기능이란 작용이나 활용을 의미한다. 석기의 용도나 기능을 생각하는 데에는 석기의 형태, 민족학적인 연구성과, 유물의 출토상황, 실험결과 등에 의하여 유추하는 방법이 있다. 그러나 현재까지는 사용흔으로부터 추측하는 것이 가장 좋은 방법이라 생각한다. 석기가 실제로 사용된 결과에 의하여 생긴 흔적을 대상으로 하기 때문에 일반적으로 관찰할 수 있다는 장점이 있다.

석기가 사용되면 마모가 발생하는데, 그 정도는 재질, 특히 경도에 가장 크게 좌우되고 날의 각도나 사용시간 등도 영향을 미친다. 또, 사용할 때 힘의 세기와 속도, 타격의 각도, 가공대상물의 재질 등에 있어서의 차이도 마모의 다양성으로 나타난다.

석기에서 관찰되는 마모는 타격에 의한 결손, 박리, 날이 무뎌지거나 석기가 갈라지는 등의 사용 중에 생긴 뚜렷한 변화와, 석기와 가공대상물 사이의 마찰에 의한 미변화(微變化)로 구분할 수 있다. 이러한 마찰도 기종에 따라서 차이가 있는데, 이에 의하여 발생한 미변화는 크게 세 가지 단계로

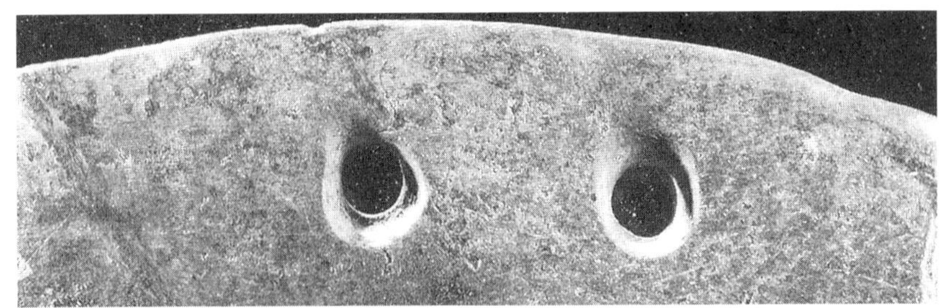

석포정의 끈 흔적(B면)

大阪府 池上

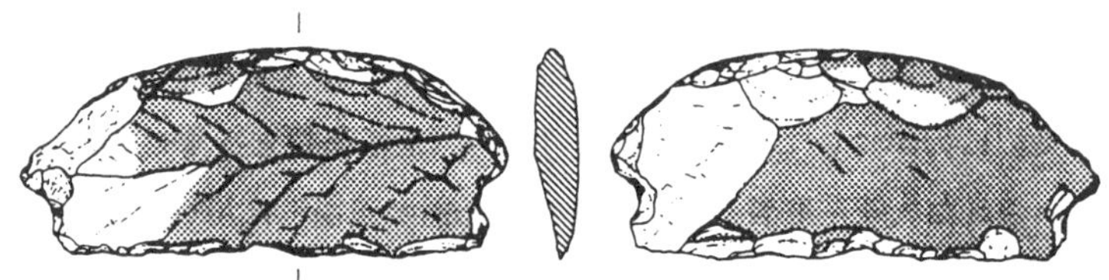

석포정의 마모와 규산 부착에 의한 광택(음영 부분)

岡山縣 百間川兼基

석초의 마모흔(음영 부분)   태형합인석부 날 부분의 선상흔

岡山縣 百間川澤田   大阪府 池上

〈그림 2〉 사용흔

구분된다. 첫 번째 단계는 표면의 극히 작은 부분이 떨어져 나가면서 광택을 가질 정도로 마연된 변화이며, 두 번째 단계는 이보다 약간 큰 부분이 떨어져 나가면서 거칠게 마연된 것과 같은 상태로의 변화이고, 마지막 세 번

째는 작은 박리나 깊게 긁힌 손상흔이 확인되는 단계이다(田中琢抄 1968).

이상의 사용흔은 ① 결손, ② 박리흔, ③ 선상흔, ④ 광택흔, ⑤ 마모흔 등으로 정리할 수 있다. 사용흔이 어느 석기의 어떤 부분에서 관찰되는가는 보고서의 석기 항목에서 조금씩

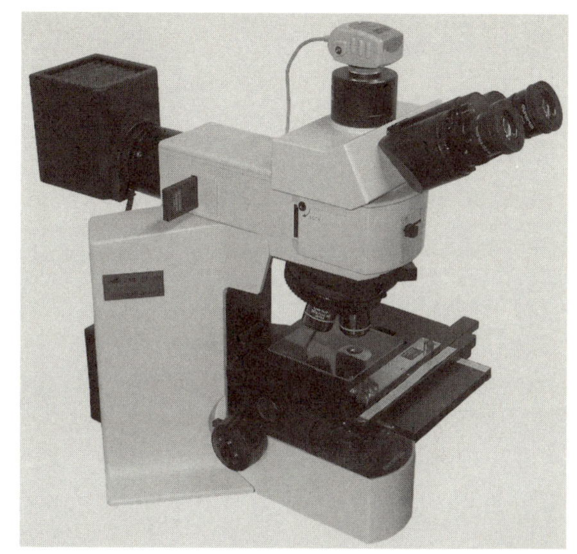

〈사진 1〉 금속현미경(OLYMPUS BX51)

다루어지고 있다. 그러나 야요이시대 석기 사용흔의 해석은 다른 분야에 비하여 아직까지 뒤쳐져 있는 실정이며, 따라서 앞으로는 육안 관찰뿐만 아니라 현미경에 의한 정밀한 관찰을 시행해야 할 것이다. 이러한 점에서 스도 타카시(須藤隆)나 아코시마 카오루(阿子島香) 등의 금속현미경을 이용한 사용흔 연구가 주목된다.[5]

역주 5 사용흔 분석은 최근 가장 주목받는 석기 연구방법 가운데 하나이다. 처음에는 구석기시대 타제석기를 주요 분석대상으로 하였으나, 점차 각종 마제석기로 그 대상 범위를 확대하고 있다. 사용흔 분석의 연구방법 및 이론적 배경, 최신 연구성과 등은 다음의 책과 논문을 참고하기 바란다(早稻田大學考古學會 2003; 孫晙鎬 2005).

Ⅳ 석기의 실상

1. 농경구

야요이시대의 석기 가운데 가장 특징적인 것은 석제 농경구이다. 그 대표적인 것이 석포정이지만, 석겸이나 석초(石鍬)도 존재한다. 아직까지 대형석포정은 용도가 명확하지 않지만, 일단 여기에 포함시키도록 하겠다.

1) 석포정(石庖丁)

석포정은 장방형이나 타원형, 또는 반월형을 이루는 편평한 석기로, 한쪽 긴 변에 날이 있다(小林行雄 1959). 벼농사와 함께 일본으로 들어온 대륙계 마제석기군 가운데 하나이며, 벼의 이삭을 따는 데에 이용되었다고 생각된다.

석포정의 명칭은 메이지(明治)시대에 조리용의 부엌칼(庖丁)로 잘못 인식되어 이름 붙여진 것이 현재까지 관용적으로 사용되고 있다. 석포정에 대한 연구는 1890년에 시작되었다. 그러나 체계적인 연구가 이루어진 것은 1930년대부터인데, 특히 모리모토 로쿠지(森本六爾 1934a)와 코바야시 유키오(小林行雄 1937)에 의한 연구가 대표적이다. 그 후 대륙과의 계보에 대하여 기술한 야와타 이치로(八幡一郎 1964)나 동아시아의 석포정을 전반적으로 관찰한 이시게 나오미치(石毛直道 1968)의 논고를 통하여 연구의 기초가 다져지게 되었다. 또한, 최근에는 북부 큐슈(九州)에 있어서 조기의 실상이 밝혀짐에 따라 한반도와의 계보관계를 논한 시모조 노부유키(下條信行 1980)나 조기 석포정 가운데 하나인 찰절(擦切) 석포정에 대하여 기술

〈사진 2〉 북부 큐슈지역의 마제석포정

한 나카지마 나오유키(中島直幸 1982) 등의 연구가 있다. 그밖에 스도 타카시(須藤隆)·아코시마 카오루(阿子島香)의 금속현미경을 통한 사용흔 연구를 포함하여 여러 가지 방향으로부터 연구가 진행되고 있다.

(1) 각 부분의 명칭

평면 형태에 있어서 날이 한쪽만 부착된 경우(片刃)에는 날이 있는 면을 A면, 그 반대쪽을 B면으로 하지만, 날이 양쪽으로 부착된 경우(兩刃)는 어느 쪽을 A면으로 설정해도 상관없다. 타제의 경우는 소재가 된 박편의 외면(背面)을 A면, 내면(腹面)을 B면으로 한다. 그리고 날카롭게 마연된 부분이 날, 그 반대쪽은 등, 그리고 그 사이를 몸통이라 하여 크게 세 부분으로 구분한다. 또, 긴 변의 양쪽에 뾰족한 부분을 양쪽 끝이라 한다. 이상을 정리한 것이 〈그림 3〉이다.

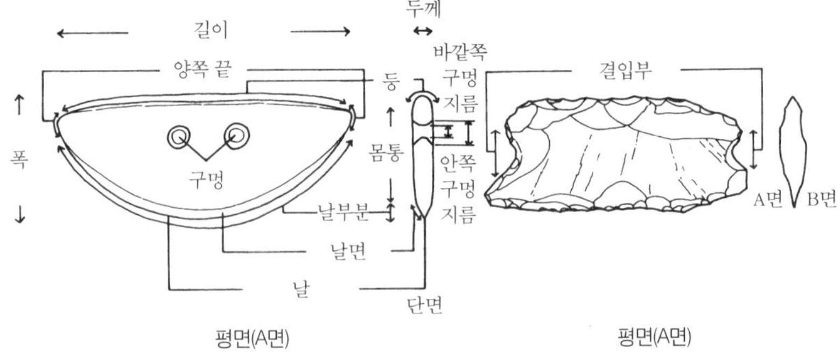

석포정 각 부분의 명칭

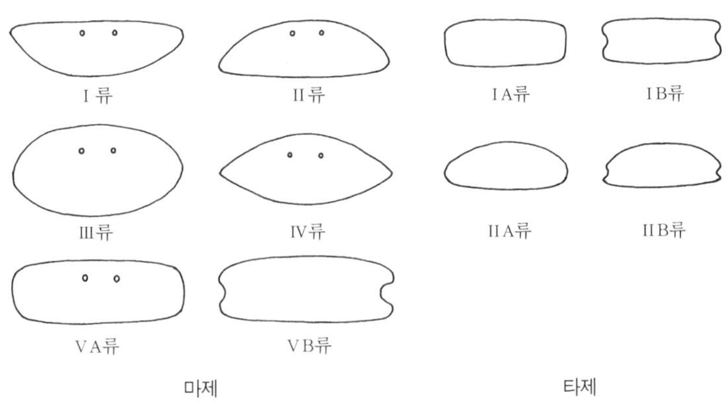

〈그림 3〉 석포정 각 부분의 명칭과 형태분류

(2) 형태분류

큐슈(九州)에서 토호쿠(東北)까지의 광범위한 지역에 걸쳐 다양한 형태의 석포정이 확인되고 있기 때문에, 세부적인 차이까지 검토하여 분류하는 것은 상당히 복잡하다. 따라서 이 책에서는 일반적으로 인정되는 큰 분류만을 행하였지만, 지역성 등을 문제로 할 경우에는 좀 더 상세한 속성에 의한 구분이 필요하다.

석포정은 우선 마제와 타제로 분류된다. 그리고 마제는 I 류 - 외만인

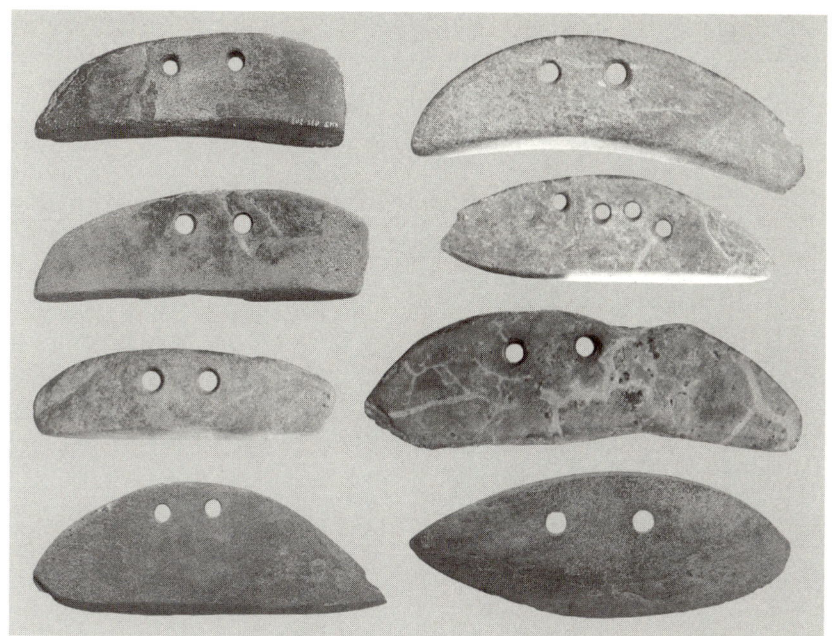

〈사진 3〉 킨키지역의 마제석포정

(外彎刃) 반월형, II류 - 직선인(直線刃) 반월형, III류 - 타원형, IV류 - 행인(杏仁)형, V류 - 장방형으로 크게 구분된다. V류는 다시 양쪽 끝에 결입부(抉入部)가 없는 것을 A, 있는 것을 B로 세분한다.

타제는 거의 장방형에 가까운 것을 I류, 둥근 날과 둥근 등을 가진 II류로 구분된다. 그리고 결입부가 없는 것을 A, 있는 것을 B로 세분한다.

(3) 시기적 변천과 지역적 양상

| 조기 |

가장 오래된 예는 사가(佐賀)현 나바타케(菜畑)유적에서 확인되었다. 모두 마제 I류이며, 몸통에 홈 모양의 찰절(擦切)에 의한 구멍 뚫기가 행하여져 있는 것이 특징이다. 이러한 구멍 뚫기 흔적을 가진 석포정은 조기의 특징적인 것이라 할 수 있지만, 후쿠오카(福岡)현 츠루마치(鶴町)유적 출토

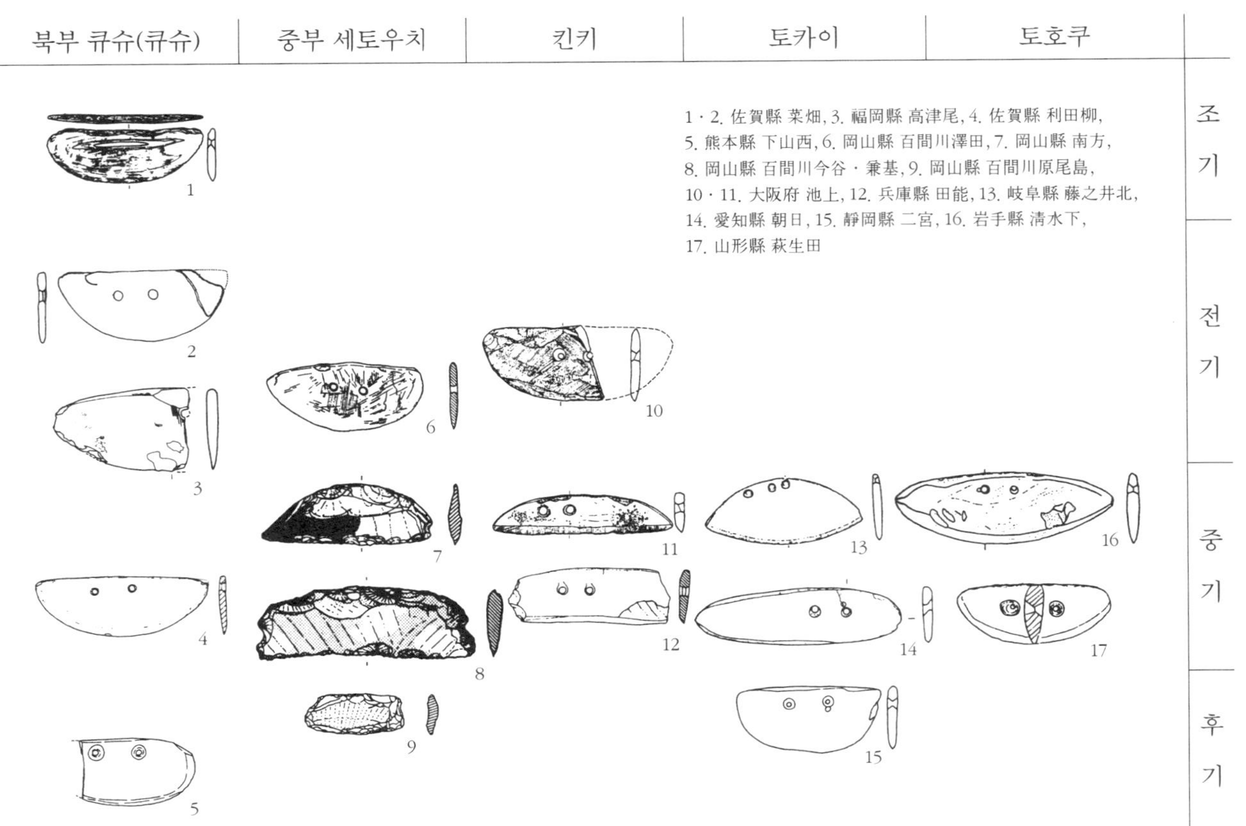

〈그림 4〉 각 지역의 석포정(S : 1/6)

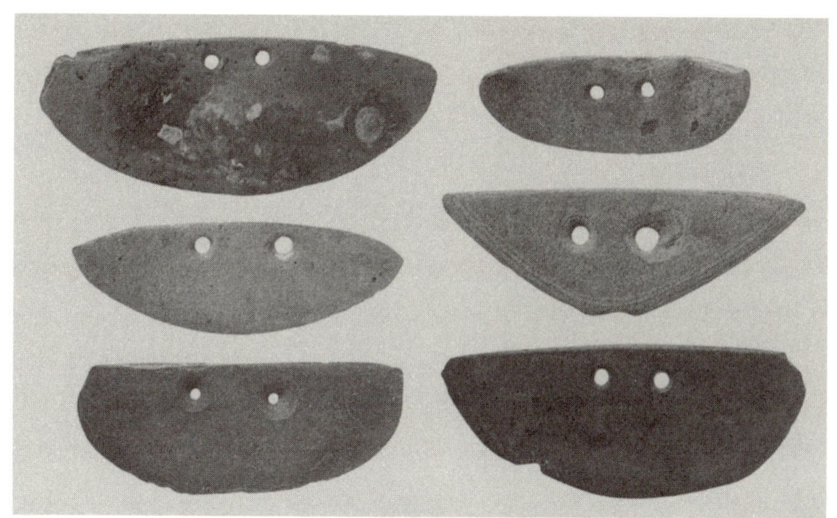

<사진 4> 요시노가리(吉野ヶ里)유적 출토 마제석포정

품은 전기, 카고시마(鹿兒島)현 타마사토(玉里)유적 출토품은 중기에 해당한다. 나바타케유적 출토 찰절 석포정 가운데에는 날이 한쪽에만 부착된 것이 있으며, 그밖에 양쪽에 날이 부착되어 있지만 한쪽 날의 특징이 남아있는 것도 있다. 완성품 가운데 한 점은 길이 12cm, 폭 4.3cm로 계측되었다.

조기의 늦은 단계에도 역시 마제 I류가 등장한다. 끈을 끼우는 구멍은 원형으로, 1개 또는 2개인 것이 확인된다. 날은 양쪽에 부착된 것이 많지만, 한쪽에만 부착된 것도 관찰된다. 조기의 석포정은 지금까지 북부 큐슈(九州)에서 집중적으로 발견되었지만, 최근에는 효고(兵庫)현 쿠치사카이(口酒井)유적과 에히메(愛媛)현 오부치(大淵)유적에서도 확인된 바 있다. 쿠치사카이유적에서는 2점이 발견되었는데, 모두 마제 II류에 해당하며 한쪽 면에 날이 부착되어 있다. 오부치유적 출토품은 마제 I류에 해당하지만, 양쪽 측면에 결입부가 있으며 날은 뚜렷하지 않다.

| 전기 |

조기에 북부 큐슈를 중심으로 시코쿠(四國), 킨키(近畿)의 일부까지 확

산되었으나, 전기에는 분포 범위가 더욱 넓어짐과 함께 양적으로도 증가한다. 큐슈에서도 북부 큐슈를 중심으로 가장자리에 위치한 카고시마현까지 확산된다.

형태는 마제 I류가 많으며, 날은 양쪽에 부착된 것이 대다수이다. 마제 I류 이외에 마제 IV류나 중기에 많아지는 마제 III류도 소수 발견된다. 대부분은 마제 I류에 포함되지만, 전체적인 형태가 삼각형을 이루는 것은 전기의 특징이라 할 수 있다.

츄고쿠(中國)·시코쿠지방의 경우 처음으로 마제석기가 보급되었으나, 후반~말엽이 되면서 중부 세토우치(瀨戶內)에서 타제로 대체된다. 코치(高知)현 타무라(田村)유적의 전반기에 해당하는 유물은 대부분이 삼각형을 띠는 마제 I류이며, 날이 한쪽에만 부착된 것과 양쪽에 부착된 것이 모두 확인된다. 이밖에 길이 7cm의 소형 마제 III류가 있다. 에히메현의 후반기 자료를 보면, 마제 III류와 함께 약간이지만 타제 IIA류가 관찰된다.

중부 세토우치의 전반기에는 마제 I류가 대다수를 차지하지만, 말기에는 타제 IIA류로 대체된다. 아마도 처음에는 새로 들어온 도구를 충실하게 받아들였지만, 그때까지의 안정적인 사누카이트(sanukite)[6] 공급체제와 이것을 이용한 타제석기 제작의 전통으로 되돌아간 결과라 생각된다.

키나이(畿內)에서는 마제가 다수를 차지하고 있다. 오사카(大阪) 야마가(山賀)유적과 미소노(美園)유적 출토품을 보면, 마제 I류는 수가 적은 반면 마

〈사진 5〉 타제석부정 각종

제 Ⅲ류와 마제 ⅤA류가 많다. 날은 대부분 양쪽에 부착된 것이지만, 일부 한쪽에만 부착된 것도 관찰된다. 구멍은 기본적으로 원형 2개가 뚫려있다.

| 중기 |

중기에는 지역에 따라서 약간씩 차이는 있지만, 토호쿠(東北)지방까지 확산된다. 이와 함께 형태나 석재에 있어서 세부적인 지역색이 나타나기 시작한다. 큐슈에서는 북부 큐슈를 중심으로 후쿠오카현 타테이와(立岩)유적에서 생산된 마제 Ⅰ류가 대부분을 차지하며, 그밖에 마제 Ⅲ류와 Ⅳ류, ⅤA류가 있다. 이들 석포정은 전기에 비해서 소형화되고 있다.

츄고쿠·시코쿠에서도 지역색이 확인된다(平井典子 1988). 중부 세토우치에서는 타제 ⅠA류가 있으며, 이것을 약간 크게 한 타제 ⅠB류가 분포하고 있다. 또, 시코쿠 서부에는 날에 부분적으로 마연을 행한 마제 ⅤA·ⅤB류가 있다. 그리고 츄고쿠·시코쿠 전역에서 마제 Ⅲ류를 중심으로 마제 Ⅰ류·Ⅱ류·Ⅳ류가 확인된다.

킨키에서는 오사카 이케가미(池上)유적에서 다량 출토되고 있다. 전기에는 석영안산암류를 사용한 마제 Ⅰ류·Ⅲ류·ⅤA류가 존재하였지만, 중기에는 결정편암을 이용한 마제 Ⅱ류가 가장 많고 그 다음으로 마제 Ⅳ류가 다수 확인된다. 또, 이케가미유적에서 내만인(內彎刃) 형태로 분류된 것 가운데에는 빈번한 재가공에 의하여 형태가 변화된 것이 다수 존재한다. 이러한 형태의 석포정 모두를 재가공에 의한 것으로 볼 수는 없지만, 대다수는 원래의 형태를 유지하지 못한 것으로 판단된다.

그런데 킨키의 석포정에 사용된 석재는 분포에 있어서 차이를 보이는 것으로 알려져 있다(酒井龍一 1974). 즉, 사누카이트제(타제)는 하리마(播

역주6 검은색의 입자가 고운 안산암이다. 시코쿠지방 타카마츠(高松)시 부근에서 산출된다 (町田貞 外 1981). 예리하게 쪼개지는 성질 때문에 석기의 석재로서 많이 이용되었다. 산출지가 세토우치지역으로 제한되어 있어 석재의 유통을 통한 문화의 흐름을 파악하는 데에 중요한 근거 자료가 된다. 최근 이에 대한 종합적인 연구가 이루어진 바 있다(竹廣文明 2003).

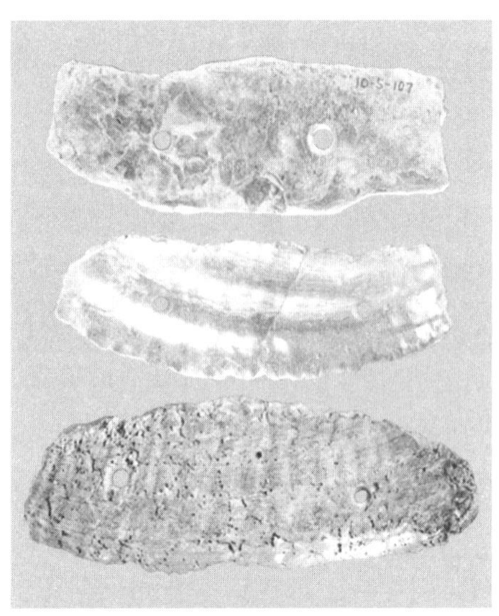

〈사진 6〉 마구치(間口) 동굴유적 출토 패제석포정

磨) 서쪽의 세토나이카이(瀬戸内海)에, 점판암제는 킨키 북부에, 결정편암제는 남부와 그 남쪽 주변에 분포하고 있다.

토카이(東海)·츄부(中部) 지방에는 그다지 많지 않지만, 마제 II류·III류·VA류가 관찰된다. 또, 나가노(長野)현에는 타제 VB류가 있다. 호쿠리쿠(北陸)에서도 마제 II류·III류 등이 확인되나 양은 적다. 칸토(關東)에서도 극히 소량인데, 이를 대신하는 것으로 타제석기가 상정되고 있지만 확실한 것은 아니다. 패제(貝製)와 함께 목제의 수확도구도 추정된다.

토호쿠에서는 전기 단계에 마제 I류가 남부지방까지 파급되지만, 중기에는 아오모리(靑森)현까지 확산된다. 마제 I류 이외에 마제 II류·III류, IV류, VA류가 확인된다. 날은 대부분 양쪽에 부착되었으며, 구멍은 원형에 2개를 기본으로 한다.

| 후기 |

후기가 되면 주요한 석기들이 급속도로 소멸되지만, 석포정은 비교적 늦은 시기까지 제작된다. 북부 큐슈에도 후기의 예가 많이 있으며, 후쿠오카현 몬덴(門田)유적 출토 예와 같이 말기가 되어서도 확인된다. 형태는 마제 I류와 마제 III류가 있다. 또, 쿠마모토(熊本)현의 산악지대에서도 마제 III류가 후반기까지 출토된다. 중부 세토우치에서도 타제 I류가 전반기까지 사용되고 있으며, 오카야마(岡山)현 고만바라(五万原)유적처럼 말기까지 잔존한 경우도 있다. 한편, 후기의 것은 중기에 비하여 소형화되고 있다.

토카이·츄부에서도 전반기까지는 확인된다. 츄부 고지(高地)에서는 마제 ⅤA류에 원형 구멍 1개가 뚫려있는 것이 특징적이다. 토호쿠에서도 후기까지 사용되고 있으며, 일부 지역에서는 말기까지 확인된다.

⑷ 사용흔

석포정에 남아있는 사용흔은 끈 등을 장착할 때에 생긴 것과 대상물과의 접촉에 의한 것이 있다. 먼저, 전자를 살펴보도록 하겠다.

이케가미(池上)유적의 마제석포정을 관찰하면, A면에는 2개의 구멍을 연결하는 방향으로 구멍 주변에 마모된 흔적이 있다. 이와 달리 B면에서는 2개의 구멍에서 등 방향으로 뻗은 얕은 홈이 관찰된다. 이러한 사용흔은 구멍에 끈을 연결시켜 사용한 것을 단적으로 보여준다. 즉, A면에서 2개의 구멍 사이를 가로질러 B면으로 연결된 끈을 등 방향으로 당겨서 원형으로 만든다. 그리고 B면을 위로 향하게 한 다음, 오른손잡이의 가운데 손가락을 원형의 끈에 넣어 네 손가락으로 A면을 지탱하면서 엄지손가락과 손바닥으로 B면을 덮듯이 거머쥐고 사용하였을 것이다.

다음으로 대상물과의 접촉에 의한 사용흔에 대해서, 역시 이케가미유적 출토품을 살펴보자. 날 부분에는 마모흔, 그것도 광택을 띠는 것이 다수 확인된다. 또한, 몸통부의 양면에도 마모가 관찰된다. 이는 대상물의 줄기를 엄지손가락으로 누르면서 날 가장자리를 이용하여 꺾었기 때문이라 생각된다.

한편, 석포정에는 이러한 사용흔 이외에 본래의 사용 목적과 다른 사용흔이 약간씩 확인된다. 그 대표적인 것은 '등 부분의 마모된 흔적'이라 불리는 사용흔으로, 등 부분에서 가장 많이 발견되며 날 부분이나 양쪽 끝에도 존재한다. '등 부분의 마모된 흔적'은 석포정 장축과 직교하는 방향의 얕게 파인 홈이나 마찰흔으로, 수확구의 기능으로는 생각되지 않지만 금후의 과제로 남겨두겠다.

그런데 상기한 것은 모두 마제의 예에 해당하며, 이밖에 타제의 경우에서도 사용흔이 관찰된다. 중부 세토우치(瀨戶內)에 분포하는 사누카이트로 제작된 타제석포정에서도 사용흔이 뚜렷하게 확인되는데, 장방형을 이루는 양 측면에 결입부를 갖는 석포정의 경우 결입부에 끈을 걸었던 것으로 생각되는 마모흔이나 희미한 수평 방향의 마찰흔이 관찰된다. 날 부분에도 마모흔이나 곡물에 포함된 규산(SiO_2)에 의한 광택이 발견된다. 또, 몸통부에도 넓은 범위에 걸쳐 규산 광택이 존재한다. 규산에 의한 광택은 양면의 넓은 범위뿐만 아니라, 등 부분에까지 이른 것도 적지 않다.

⑸ 용도

일찍이 조리용 칼 또는 부엌칼이었을 것이라 추정되었으나, 원시 농업의 연구에 매진한 모리모토 로쿠지(森本六爾 1934a)에 의하여 곡물을 자르는 도구로 인식된 이후, 이삭을 따는 도구로 보는 견해가 거의 정설로 받아들여지고 있다.

그러나 다른 의견도 있다. 이는 등 부분에서 관찰되는 사용흔에 중점을 두고 생각된 견해로, 예를 들어 효고(兵庫)현 타노(田能)유적 출토 석포정을 분석한 무라카와 유키히로(村川行弘 1967)는 '모두 벼의 이삭 끝을 따는 도구는 아니다' 라고 기술하였다. 또, 마제석포정의 사용법으로 직각 방향의 손잡이에 부착되어 수평으로 눌러 자르는 방법에 의하여 벼를 베었다는 견해도 제기된 바 있다(小林公明 1978).

⑹ 석재의 선택과 제작공정

| 석재의 선택 |

북부 큐슈(九州)의 조기에는 혈암질사암이나 응회암, 그리고 점판암 등이 이용되며, 전기·중기에도 거의 같은 양상이다. 단, 전기 말의 시작과 중기에 성행하는 타테이와(立岩)산 석포정은 휘록응회암이다.

츄고쿠(中國)·시코쿠(四國)에서는 사누카이트를 이용한 중부 세토우치(瀬戶內) 이외의 지역에서 결정편암, 점판암, 사암 등이 관찰된다.

킨키(近畿)에서는 전기에 안산암이 다수 이용되지만, 중기가 되면 점판암이나 결정편암이 지역을 달리하여 사용된다. 토카이(東海)에서는 녹색천매암, 응회질사암, 흑색혈암 등이, 호쿠리쿠(北陸)에서는 각섬석안산암(角閃石安山岩), 사암, 점판암 등이 있다. 토호쿠(東北)지방에서는 점판암, 사암 등이 이용되어지고 있다.

이상의 석재를 보면 일부 안산암 등의 화성암을 이용하고 있지만, 대다수는 퇴적암이나 변성암이다.

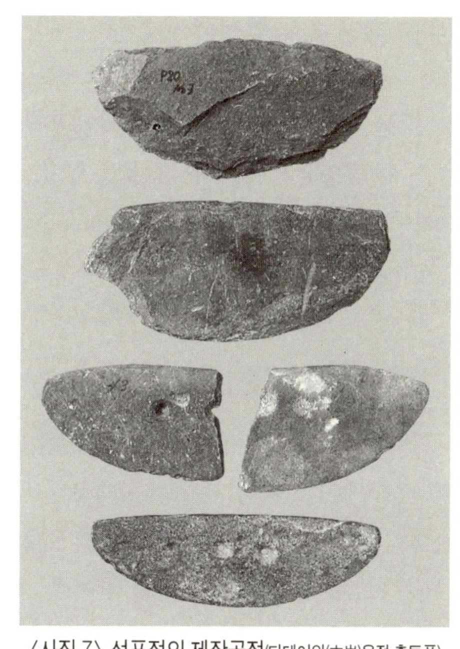

〈사진 7〉 석포정의 제작공정(타테이와(立岩)유적 출토품)

| 제작공정 |

석포정의 제작이 비교적 명확하게 관찰되는 곳은 북부 큐슈와 킨키이다. 북부 큐슈에서는 오래 전부터 유명한 후쿠오카(福岡)현 타테이와유적(中山平次郎 1934)을 시작으로, 하라(原)유적(小田富士雄 1973), 몬덴(門田)유적(井上裕弘 外 1979), 뵤가사카(屛賀坂)유적(上村佳典 1980) 등, 킨키에서는 오사카(大阪) 이케가미(池上)유적(石神幸子 外 1979), 효고(兵庫)현 카모(加茂)유적(石野博信 1967), 나라(奈良)현 카라코(唐古)유적(藤田三郎 1984) 등에서 제작공정이 살펴진다. 이러한 유적들을 참고로 하면, 석포정의 제작공정은 아래와 같이 정리된다.

제1공정은 소재가 되는 박편을 떼어내거나 거칠게 가공하는 단계이다. 몸돌은 암벽에서 쪼개어 얻은 것과 자갈을 채취한 것이 있다. 이 몸돌을 분할하여 판상(板狀) 박편을 획득하며, 이를 다시 타격하여 대체적인 크기로 거칠게 가공한다.

제2공정은 성형의 단계이다. 타격에 의하여 기본적인 형태를 만든다.

제3공정은 세부조정의 단계이다. 가장자리나 몸통 양면을 세밀한 박리와 고타(敲打)에 의하여 조정한다.

제4공정은 구멍을 뚫는 단계이다. 송곳(錐)으로 구멍을 뚫지만, 고타에 의하여 오목하게 만든 후 구멍을 뚫는 것과 직접 구멍을 뚫는 것이 있다.

제5공정은 마연의 단계이다. 먼저, 전체를 거친 지석으로 마연한 후, 다시 세밀한 지석으로 마연한다.

제6공정은 날을 세우는 단계로, 마연에 의해 날을 세워 완성시킨다.

2) 석겸(石鎌)

석겸은 가로 방향으로 긴 형태이며, 한쪽 변을 날 부분으로 하는 마제 또는 타제의 석기이다. 죠몬시대부터 확인되지만, 한반도에서의 영향도 무시할 수 없다. 일반적으로 석겸이라 불리지만, 정확하게 말하면 석겸 몸통이며 손잡이를 장착하여 석겸이 된다.

석겸의 연구는 1930년대부터 진행되었는데, 1964년 후지타 히토시(藤田等 1964)는 그때까지의 연구를 총괄하여 체계적인 논지를 전개하였다. 후지타는 46점의 자료를 집성하여 날 부분의 형태에 따라 직선형(直線形)과 내만형(內彎形)으로 구분하고, 다시 길이에 의하여 대형(20~28cm)과 소

〈사진 8〉 석겸 각종

형(12cm 전후)으로 분류하였다. 그리고 소형은 죠몬시대 이후의 전통적인 것이고, 대형은 한반도에서 수입된 철겸(鐵鎌)을 모방한 것으로 파악하여, 마제석겸의 계보가 두 가지로 구분됨을 지적하였다.

그 후 자료의 집성이나(橫山邦繼 1976), 보리와 조·피 등의 잡곡 수확에 이용되었다는 의견(甲元眞之 1981) 등이 살펴진다. 1984년에는 마츠오 야스코(松尾泰子 1984)가 계보 등에 관하여 논한 바 있다. 마츠오는 크기에 따라 대·중·소형으로 구분하였는데, 죠몬시대의 타제석겸이 모두 중·소형이며 대형이 없다는 사실을 근거로, 야요이시대의 대형 마제석겸은 한반도의 영향에 의하여 성립되었다고 생각하였다. 그 시기는 조기 말엽부터 전기 초두까지이며, 중기 이후 철겸의 출현과 함께 소멸되는 것을 통하여 석겸이 철겸으로 대체된다고 보았다.

(1) 각 부분의 명칭

석겸 몸통에서 한쪽의 긴 변을 날, 그 반대쪽을 등이라 한다. 약간 뾰족한 부분을 선단(先端), 그 반대쪽의 짧은 변을 기단(基端), 그리고 기단 쪽의 날이 없는 부분을 기부(基部)라 부른다. 오른손잡이가 손잡이를 장착하여 사용하는 상태를 상정하면, 선단이 왼쪽, 기부가 오른쪽에 위치하게 된다. 석겸 몸통의 안팎은 이러한 상태의 정면을 밖, 그 반대면을 안으로 한다.

(2) 형태분류

석겸 몸통은 형태에 따라 분류하기 앞서 제작기술에 의하여 마제, 부분적인 마제, 타제로 구분된다. 타제석겸 가운데에는 마연을 행하기 이전의 미제품이 포함될 가능성도 있다.

형태는 미즈시마 미네오(水島稔夫 1985)의 분류를 기본으로, 날의 형태에 따라 직선인(直線刃)과 내만인(內彎刃)으로 크게 구분된다. 그리고 길이에 의해 단형(短形, 10~13cm), 중간형(15~18cm), 장형(長形, 20~28cm)의 3개로, 두께에 따라 얇은 것(0.5~1cm), 중간 두께(1~1.5cm), 두꺼운 것(2~2.5cm)의 3개로 세분하였다. 그리고 이상의 분류를 조합하여 다음의 8

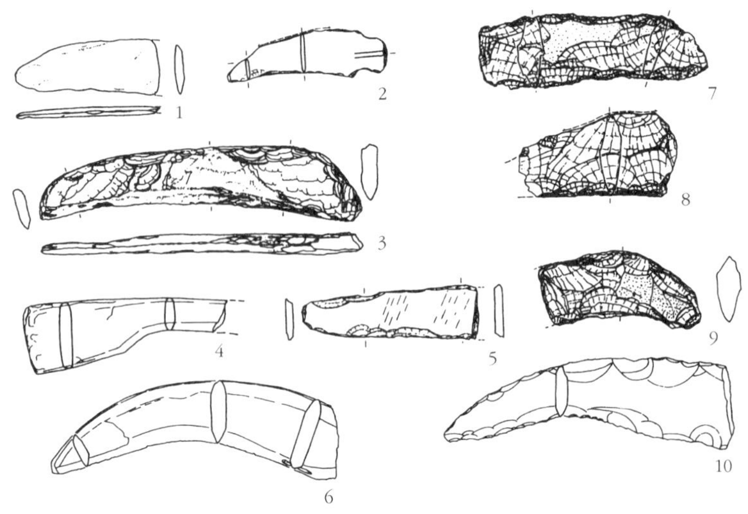

〈그림 5〉 각 지역의 석겸(S : 1/6)

가지로 구분하였다.

    Ⅰ류a : 타제의 직선인으로, 단형에 얇은 것이다.

    Ⅰ류b : 타제의 내만인으로, 단형에 얇은 것이다.

    Ⅱ류a : 마제의 직선인으로 단형 · 중간형이며, 얇은 것과 중간 두께의 것이
        해당된다.

    Ⅱ류b : 마제의 내만인으로 단형 · 중간형이며, 얇은 것과 중간 두께의 것이
        해당된다.

    Ⅲ류a : 마제의 직선인으로, 장형에 중간 두께 · 두꺼운 것이다.

    Ⅲ류b : 마제의 내만인으로, 장형에 중간 두께 · 두꺼운 것이다.

    Ⅳ류a : 타제의 직선인으로 중간형 · 장형이며, 중간 두께 · 두꺼운 것이다.

    Ⅳ류b : 타제의 내만인으로 중간형 · 장형이며, 중간 두께 · 두꺼운 것이다.

⑶ 시기적 변천과 지역적 양상

석겸은 남쪽의 카고시마(鹿兒島)현에서부터 동쪽의 아이치(愛知)현까

지 확인되지만, 이 가운데 약 70% 정도가 온가가와(遠賀川)유역~히비키나다(響灘) 연안지역에 집중된다. 여기에 겐카이나다(玄界灘) 연안지역 출토예를 더하면 85% 정도를 차지하게 된다.

| 조기 |

조기의 예는 후쿠오카(福岡)현 이타즈케(板付)유적 이외에 알려진 것이 없지만, 큐슈(九州)에서 죠몬시대 후·만기의 타제석겸(Ⅰ류a·b)이 광범위하게 관찰된다. 또, 마제로는 야마구치(山口)현 이와타(岩田)유적의 만기 전반 출토 예(Ⅱ류a)가 있다.

| 전기 |

전기의 오래된 것은 이타즈케 Ⅰ식에 해당하는 후쿠오카현 츠루마치(鶴町)유적의 예(Ⅱ류b)를 시작으로 겐카이나다 연안에 집중하고 있으며, 말엽에 야마구치현 서부로 전파된다.

사가(佐賀)현 나바타케(菜畑)유적에서는 전반기의 예로 Ⅰ류a, Ⅱ류b, 후반기에는 Ⅱ류b, Ⅲ류b가 관찰된다. 이러한 전기의 석겸은 전면을 마연한 것이 적고, 대다수는 일부분만을 마연하고 있다.

| 중기 |

중기가 되면 북부 큐슈~야마구치현 서부에서 성행한다. 큐슈에서는 카고시마현, 동쪽으로는 아이치현까지 확산되지만, 중부 세토우치(瀬戸内)~킨키(近畿)에서는 발견되지 않는다. 그리고 중기의 마지막 단계에 야마구치현, 사가현의 일부를 제외한 대부분 지역에서 석겸이 사라진다.

북부 큐슈에서는 중기가 되면 Ⅲ류b가 급증하는 것과 함께, Ⅳ류a·b도 관찰된다. 마제의 석겸은 전기와는 달리 전면에 마연을 행하고 있다.

야마구치현 서부에서는 아야라기고(綾羅木鄉)유적에서 88점이 출토되어, 한 유적의 출토량으로서는 가장 많다. 전기 후반부터 중기 전반의 시기에 속하는데, 전기에는 먼저 Ⅱ류b가 확인되고 있다. 그 뒤로는 Ⅲ류a·b, Ⅳ류a·b 등, 단형(短形)을 제외한 각 유형이 관찰된다.

산인(山陰)에서는 시마네(島根)현 니시카와츠(西川津)유적에서 전기~중기에 해당하는 자료가 13점 출토되었다. 6점의 타제 이외에는 마제이지만, 모두 부분적으로 마연되어 있어 미제품도 포함된 것으로 생각된다. 형태는 파편이 많기 때문에 명확하지 않지만, II류b, III류b, IV류b 등이 있다.

⑷ 손잡이의 장착방식과 용도

| 손잡이의 장착 |

석겸 몸통은 기부(基部)의 형상 또는 기부 아래쪽에 결입부가 확인되는 것으로 볼 때, 나무 손잡이가 장착되었을 가능성이 높다. 그러나 현재까지 장착된 상태로 출토된 예는 말할 것도 없고, 장착흔을 남긴 예도 없다. 따라서 구체적인 장착방법을 파악하기에는 어려움이 있지만, 후지타 히토시(藤田等)나 미즈시마 미네오(水島稔夫)는 석겸 몸통의 장축과 거의 직교하는 방향으로 장착되었을 것이라 추정하였다.

| 용도 |

석겸은 그 명칭으로부터 '베는(刈)' 작업에 이용되었음이 상정된다. 그러나 그 구체적인 사용방법에 대해서는 손잡이의 장착방법이나 사용흔이 명확하지 않기 때문에 아직까지 뚜렷하게 밝혀진 바 없다. 또, 대륙계 마제석기의 하나라고 한다면, 동일한 벼 수확구인 석포정과의 관계를 문제로 삼지 않을 수 없다.

마제석겸을 종합적으로 검토한 후지타는, 소형(이 책의 II류)은 손잡이가 거의 직각으로 장착되어 아래쪽의 풀 등을 '베는' 작업에 사용되었고, 대형(III류)은 손잡이와 날이 둔각을 이루는 형태로 장착되어 양손에 손잡이를 잡고 행하는 작업, 즉 풀을 '옆으로 후려치는(薙)' 데에 이용된 것으로 추정하고 있다.

이에 반하여 미즈시마는 아야라기고(綾羅木鄕)유적의 석겸을 분석하여 I류(이 책의 II류a)는 손낫으로서 벼과식물의 줄기를 절단하는 데에 사용, II류(III류a · b)는 무기(鉈鎌), 그리고 III류(IV류a · b)는 예리한 날을 의도하지 않은 것으로 볼 때 뾰족한 부분을 주요한 기능부위로 추정하였다. 이러한 시각은 낫으로서의 용도는 물론 벼농사와의 관계도 부정적으로 보는 것이다.

코모토 마사유키(甲元眞之)는 일본에 전래된 농경이 벼농사를 포함한 모든 곡물을 재배하는 복합농경문화였을 가능성이 높다고 보면서, 북부 큐슈(九州)의 넓은 평야에서는 석겸보다 석포정이 많고, 온가가와(遠賀川)유역 동쪽처럼 평야가 적고 낮은 구릉이 많은 지역에서는 석겸의 출토량이 많은 것을 근거로 벼 이외의 수확에 이용된 것으로 파악하였다.

북부 큐슈로부터 야마구치(山口)현, 그 중에서도 야마구치현 서부에 압도적으로 집중되는 현상을 볼 때, 코모토의 견해는 매력적이라 생각된다.[7]

(5) 석재의 선택과 제작공정

| 석재의 선택 |

기본적으로는 퇴적암 또는 변성암이 이용되고 있다. 그러나 지역에 따라 차이가 확인되는데, 중기의 겐카이나다(玄界灘)~히비키나다(響灘) 연안에서는 점판암 및 혈암, 온가가와(遠賀川)유역에서는 응회질혈암 내지 휘록응회암을 사용하고 있다. 또, 같은 유적에 있어서도 마제는 흑색 혹은 회색계 퇴적암, 타제는 적색계 퇴적암이 사용되어진 것이 아야라기고(綾羅木鄕)유적에서 확인된 바 있다.

| 제작공정 |

제작공정에 대해서는 아야라기고유적에서 미제품이 출토되고 있어, 이것을 통하여 어느 정도 살펴보는 것이 가능하다.

역주 7 사용흔 분석에 의하면 석겸은 이삭을 자르는 데에 이용되었는데, 손잡이의 부착은 오히려 작업효율을 떨어뜨린다고 한다. 줄기 1~2가닥 정도의 이삭을 자르는 데에만 사용되었기 때문에, 현재 사용되는 낫의 기능과는 차이가 있다. 효율성은 석포정과 거의 동일하다고 한다(齋野裕彦 2001).

우선, 마제에 대해서 살펴보면, 제Ⅰ공정으로서 대형의 판상(板狀) 박편을 떼어낸다. 제Ⅱ공정은 소재가 되는 박편의 주변을 거칠게 떼어냄으로써 성형하는 단계이다. 제Ⅲ공정은 세부조정을 행하는 단계이다. 제Ⅳ공정은 주요면에 제1차 마연을 행하여 평탄하게 만드는 단계이다. 제Ⅴ공정은 안팎의 각 면으로부터 날을 세워 완성하는 단계이다.

타제는 제Ⅰ공정에서 자갈로부터 두껍고 가로 방향으로 긴 박편(橫長剝片)을 얻는다. 제Ⅱ공정에서는 이 박편의 가장자리에서부터 계단상으로 떼어내면서 성형한다. 박편의 두께를 줄이기 위한 조정도 같이 행한다. 제Ⅲ공정은 세밀한 조정 박리를 행하는 단계이다. 특히, 날은 정교하게 양쪽 면으로부터 번갈아 떼어내며, 등이나 기부(基部) 가장자리는 요철을 없게 함으로써 완성시킨다.

이상으로 마제와 타제의 제작공정을 살펴보았는데, 그 기술의 기반은 상당히 다르다. 이미 죠몬시대 만기 전반부터 마제석겸이 확인되며 마연기술 자체도 구석기시대부터 존재하였던 기술이지만, 마제석겸에서는 석포정을 시작으로 한 다른 대륙계 마제석기군과 공통하는 기술 기반이 느껴진다.

3) 석초(石鍬)

석초[8]는 평면 형태가 장방형(短冊形), 주걱형(撥形), 저울추형(分銅形) 등을 이루며, 보통 길이가 10~20cm 정도의 편평한 타제석기이다. 죠몬시대부터 확인되는데, 기존에는 타제석부 또는 편평타제석부라 불렸다.

석초를 벼농사와 관련된 도구라 생각한 학자로는 모리모토 로쿠지(森本六爾 1947)가 있다. 모리모토는 높은 지대의 유적에서는 대형의 주걱형

역주 8 우리나라에서 초(鍬)는 삽, 서(鋤)는 호미를 의미하는 한자어이다. 그러나 일본에서는 서(鋤)를 삽, 초(鍬)는 괭이를 의미하는 한자어로 사용하고 있다. 이 책에서는 야요이시대의 석기를 설명하고 있기 때문에 일본식 명칭인 '석초(石鍬)'를 그대로 이용하지만, 그 의미는 괭이를 나타내는 것임을 미리 밝혀둔다.

〈사진 9〉 석초 각종

타제석부가 경작도구로 이용되었다고 생각하였다. 그러나 나라(奈良)현 카라코(唐古)유적이나 시즈오카(靜岡)현 토로(登呂)유적 등의 발굴에 의하여 목제 경작구의 실태가 밝혀지면서 석초에 대한 관심은 줄어들게 되었다.

이러한 가운데 벼농사에 적합하지 않은 지역에서 석초가 집중되는 현상이 뚜렷해지면서(乙益重隆 1970), 밭농사에 사용되었다는 의견(國分直一 1970)도 제시되었다. 또, 이보다 조금 앞서 마츠시마 토루(松島透 1964)는 나가노(長野)현 이다(飯田)지방의 야요이시대 석기를 정리하는 가운데 석초에 대해서도 언급하였는데, 단구(段丘)지대의 단단한 밭을 경작하기 위하여 보다 견고한 석제 경작구가 발달한 것으로 보았다.

시모죠 노부유키(下條信行 1975a)는 나가노현 남부나 큐슈(九州) 동남부에서 밭을 경작하는 도구로 생각되는 석기와 함께, 방형의 석포정과 마제석초가 많다라는 공통적인 양상을 지적하였다.

그런데 석초는 서일본의 죠몬시대 후·만기에 있어서도 평야지대의 유적에서 대량으로 출토된 것이 있어, 죠몬 농경과의 관계가 제기되고 있다. 그러나 이러한 지역에서는 야요이시대가 되면 석초가 급속도로 소멸된 후

다시 성행하게 되는데, 아직까지 죠몬시대 석초와 야요이시대에 새롭게 성행한 석초의 관계는 명확하게 밝혀지지 않고 있다.

(1) 형태분류

석초는 평면형태에 따라 다음과 같이 구별된다.

- 장방형(短冊形) : 날에서부터 기단(基端)까지 거의 같은 폭을 이루는 것.
- 주걱형(撥形) : 기단보다 날 부분의 폭이 넓어 사다리꼴을 이루는 것.
- 저울추형(分銅形) : 측면의 중앙 부분이 잘록하게 된 것.
- 유견형(有肩形) : 유견석부 I형이라고도 불리는데, 기단 쪽의 폭을 줄여서 자루와 같은 형태로 마무리한 것.

(2) 시기적 변천과 지역적 양상

| 조기 |

평야지대의 유적에서도 죠몬시대 만기에 이어서 계속되는 것이 다수 발견된다. 형태는 장방형(短冊形)과 주걱형(撥形)이 있다.

| 전기 |

전기가 되면 서일본의 평야지대에서는 감소하지만, 일부 지역에서는 다량으로 출토된 곳도 있다. 북부 큐슈(九州)에서도 전반기까지는 장방형이나 주걱형이 소수 관찰되지만, 후반기에는 대부분 사라진다. 시코쿠(四國)에서는 코치(高知)현 뉴타(入田)유적에서 전반기에 속하는 장방형·주걱형이 다수 출토된다. 또, 타무라(田村)유적에서도 전반기에는 장방형·주걱형이 소량이지만 출토되고 있다. 그러나 후반기에는 대부분 자취를 감추게 된다.

세토우치(瀨戶內)의 오카야마(岡山)현 핫켄가와(百間川)유적에서도 전반기에 약간 존재하지만, 후반기에는 거의 발견되지 않는다. 또, 킨키(近畿)에서는 거의 확인되지 않는다.

| 중기 |

중기에는 구릉이나 단구(段丘)가 발달된 지역에서 싱행하는데, 벼농사

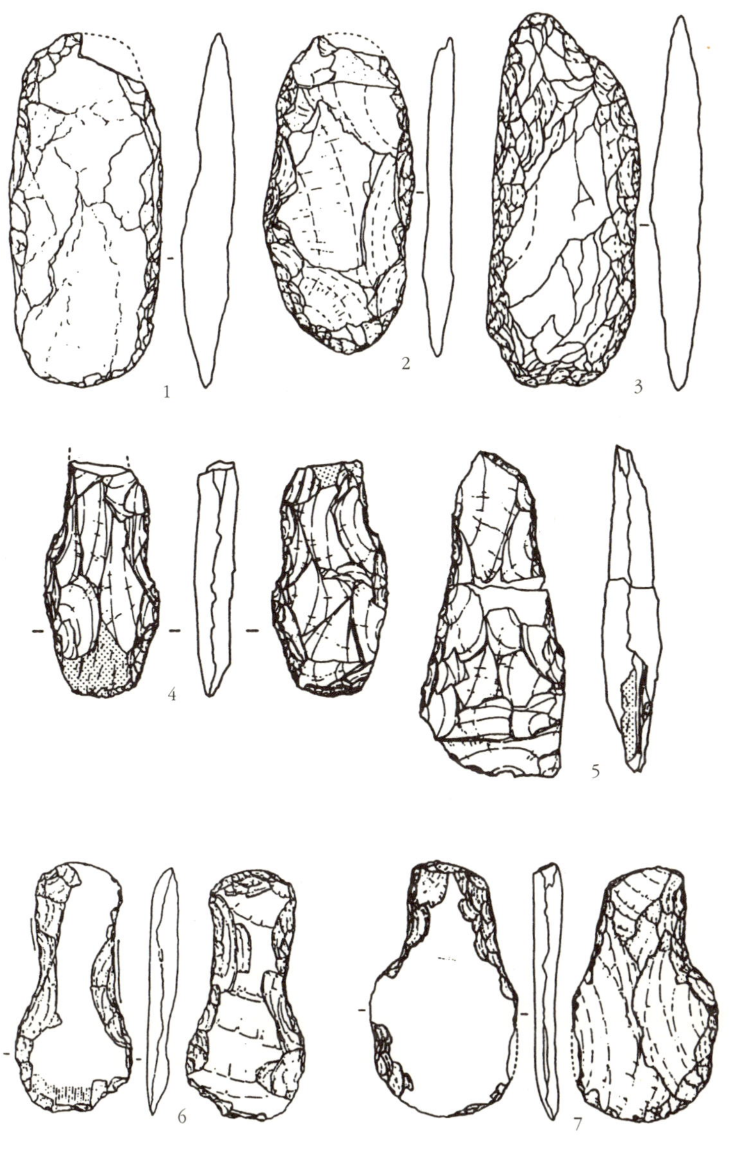

1~3. 大分縣 二本木, 4・5. 岡山縣 百間川澤田, 6. 群馬縣 沖II, 7. 群馬縣 注連引原II

〈그림 6〉 석초(S : 1/3)

가 활발히 이루어지는 평야지대에서는 거의 확인되지 않는다. 큐슈에서는 동남부, 쿠마모토(熊本)현·카고시마(鹿兒島)현·미야자키(宮崎)현·오이타(大分)현 등의 화산회가 발달한 구릉이나 산악지대에 특히 성행한다. 장방형, 주격형과 더불어 유견형(有肩形)이 특징적으로 관찰된다. 이것과 공반하는 특징적 석기로는 방형의 석포정이 있으며, 여기에 마제석촉이 더해진다.

츄고쿠(中國)·시코쿠에 있어서도 후반기에는 오카야마현 북부와 시마네(島根)현·톳토리(鳥取)현의 츄고쿠 산지(山地) 주변에서 적지 않게 출토된다. 형태는 장방형과 주격형이다.

토카이(東海)의 전반기에는 죠몬시대 만기에 이어서 많은 양이 출토된다. 예를 들어 시즈오카(靜岡)현 시부사와(澁澤)유적에서는 길이가 30cm 정도 되는 대형의 것을 포함하여 약 30여 점이 출토되고 있다. 중엽부터 후반기에 걸쳐 감소하는데, 아이치(愛知)현의 평야지대에서는 거의 발견되지 않는다. 그러나 시즈오카현에서는 히즈메(日詰)유적과 같이 많은 양이 출토된 예도 있다. 형태는 장방형·주격형이 대다수이며, 저울추형(分銅形)도 소수 관찰된다.

츄부(中部)지방에서는 특히 나가노(長野)현 남부 텐류가와(天龍川) 연안의 단구지대에서 발달한다. 장방형·주격형·유견형이 관찰되며, 이것에 방형의 석포정이나 마제석촉이 조합되는 양상은 동남 큐슈와 공통되는 특징이다.

칸토(關東)에서 남부의 양상은 명확하지 않지만, 북부에서는 죠몬시대 이후로 적지 않게 확인된다. 군마(群馬)현의 석초를 정리한 아소 토시타카(麻生敏隆 1990)에 의하면 주격형·저울추형·유견형이 대다수이며 장방형도 발견되는데, 그 성행 시기는 후반기로 보고 있다.

토호쿠(東北)지방에서는 특별하게 많은 양이 출토된 곳은 없지만, 중기 전체에 걸쳐 거의 일정한 양이 확인되고 있다. 형태는 장방형과 주격형, 그리고 유견형이 있다.

큐슈 동남부나 나가노현 남부를 시작으로 하여 일부 지역에서는 후기가 되어서도 많은 수가 발견되지만, 그 밖의 지역에서는 대부분 소멸한다.

⑶ 사용흔에서 관찰되는 손잡이의 장착과 용도

| 손잡이의 장착 |

석초는 평면 형태로부터 4가지로 구분되는데, 이 가운데 저울추형(分銅形)과 유견형(有肩形)은 분명히 끈으로 묶는 것을 의도한 형태일 것이다. 또, 장방형(短册形)과 주걱형(撥形)도 기부(基部) 중앙 부근의 측면을 약간 안쪽으로 들어가게 하거나 날카로운 측면을 마모시키는 등, 끈으로 묶는 것을 의도한 가공을 행하였다. 이를 증명하는 것으로 기부 측면에는 마모흔이, 그리고 기부 표면에는 손잡이와의 마찰흔이나 마모흔이 남아있는 것이 있다.

그러나 이러한 사용흔을 통해서는 석초의 몸통에 손잡이가 장착되었다는 것만을 추정할 수 있을 뿐, 장착 방향이나 'ㄱ'자형 자루(膝柄)의 사용 여부 등 보다 구체적인 장착 방법에 대해서는 확인할 수 없다.

그런데 장방형이나 주걱형의 날을 보면, 편인(偏刃)인 경우가 많다. 이는 제작 당시부터 편인이었던 것이 아니라, 빈번하게 사용되면서 항상 일정한 방향으로 힘이 치우쳤기 때문이라 생각된다.

또, 날에서부터 날과 가까운 기부에서는 석초 몸통의 장축과 평행한 방향의 마찰흔이나 뚜렷한 마모흔이 관찰되지만, 앞면과 뒷면의 범위가 다른 것이 많다. 즉, A면에서는 날에서부터 장축 방향으로 1~2cm의 폭에 불과한데 반하여, B면에서는 그 2배 이상의 범위에 사용흔이 관찰된다. 이는 항상 일정한 방향으로 손잡이에 장착되었던 것을 보여준다.

날의 사용흔을 통해서만 보면 삽과 같이 손잡이와 석초 몸통이 일직선상을 이루는 형태가 아니라, 지금의 괭이와 같이 손잡이와 석초 몸통이 예각(銳角)을 이루면서 장착된 것으로 생각된다.

| 용도 |

날의 사용흔으로부터 반복해서 흙 속에 집어넣었던 것이 분명하며, 손잡이가 괭이와 같이 장착되었다는 추정과 합하여 생각하면 흙을 뒤집는 도구였을 가능성이 크다.

석초는 죠몬시대부터 계속하여 관찰되지만, 서일본에서는 벼농사에 적합한 평야지대에서 전기의 이른 단계에 모습을 감춘 것에 반하여, 동일본에서는 중기를 지나서도 적지 않게 확인된다. 또, 중기에는 큐슈(九州) 동남부와 나가노(長野)현 남부 등 일부 지역에서 성행하지만, 이러한 지역은 벼농사에 적합한 지역이라 말하기 어렵다. 이상의 분포 양상이나 유적의 입지 상황을 통하여, 밭농사와 관련된 석제 경작구로 생각된다.

⑷ 석재의 선택과 제작공정

석재는 분암(玢岩), 혼펠스, 결정편암, 사누카이트, 사암 등 유적의 주변에서 채취 가능한 것을 이용하고 있다.

| 제작공정 |

먼저, 노두(露頭) 또는 자갈을 타격하여 편평한 박편을 얻는다. 이 박편의 주변에서부터 타격을 가하여 성형하지만, 앞뒷면에는 자연면 또는 주요 박리면을 크게 남긴 것이 많다. 성형 후에 세부조정을 행하는 것은 드물고, 대다수는 타격에 의해 형태를 조정하여 완성한다.

4) 대형석포정 (大型石庖丁)

대형석포정은 형태상으로 석포정과 유사하지만, 대형의 것을 말한다. 형태분류는 마제석포정과 동일하게 날 부분에 따라 외만인(外彎刃)으로 된 것을 Ⅰ류, 직선인(直線刃)으로 된 것을 Ⅱ류, 그리고 타제의 것을 Ⅲ류로 한다.

<사진 10> 대형석포정 각종

(1) 시기적 변천과 지역적 양상

| 전기 |

　북부 큐슈(九州)에서는 조기부터 출현한 것으로 보이지만 명확하지 않다. 전기의 것은 모두 Ⅰ류에 속하지만, 외만인 반월형을 그대로 대형화한 것과 양쪽 끝의 아래쪽에 결입부(抉入部)를 가진 것이 있다. 크기는 결입부가 있는 것이 길이 25cm 전후, 폭 10cm 전후이다.

　츄고쿠(中國)·시코쿠(四國)와 킨키(近畿)에서 전기부터 발견되지만, 츄고쿠·시코쿠에서의 출토량은 극히 적다. 시마네(島根)현 니시카와츠(西川津)유적 출토품은 Ⅱ류에 속하지만, 일정한 형식을 이루지 않고 마연도 날을 중심으로 행하고 있다. 오사카(大阪) 이케가미(池上)유적 출토품도 Ⅱ류에 속한다.

| 중기 |

　북부 큐슈에서는 거의 전기와 동일한 형태의 것이 확인되지만, 후반에

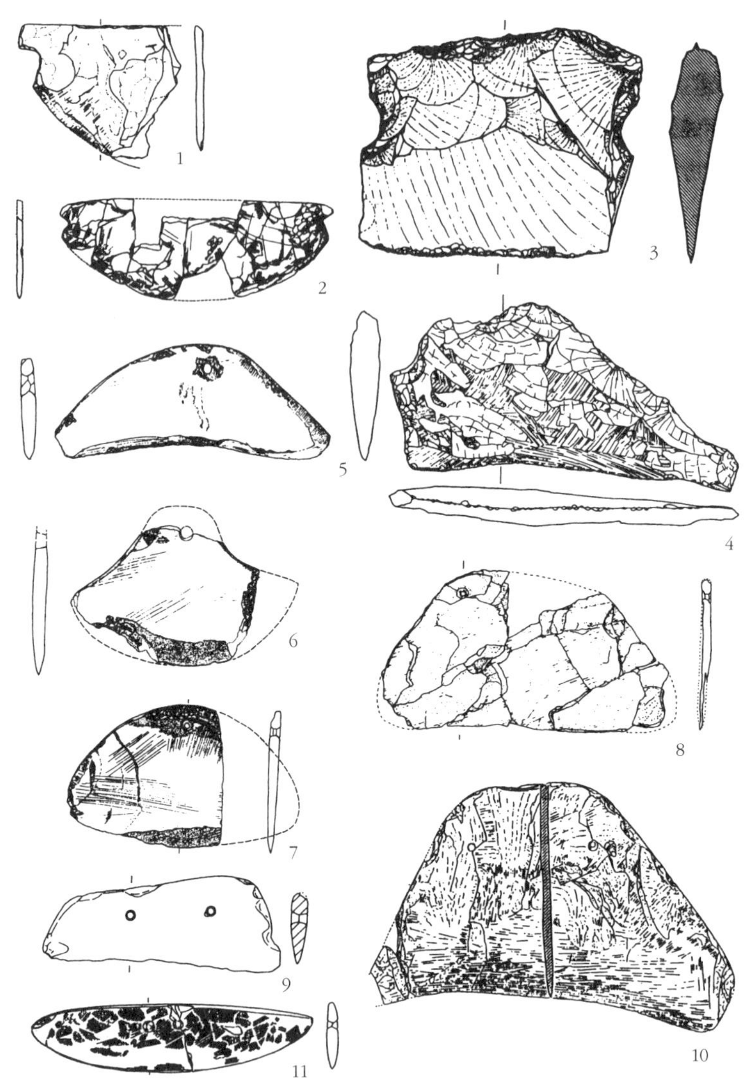

1. 佐賀縣 菜畑, 2. 福岡縣 高津尾, 3. 岡山縣 百間川今谷・兼基,
4. 島根縣 西川津, 5~7. 大阪府 池上, 8. 愛知縣 朝日,
9. 石川縣 畝田寺中, 10. 福井縣 吉河, 11. 宮城縣 淸水下

〈그림 7〉 대형석포정(S : 1/6)

는 자취를 감춘다. 츄고쿠·시코쿠 가운데 중부 세토우치(瀬戸內)에서는 타제가 관찰된다. 오카야마(岡山)현 햣켄가와(百間川) 이마다니(今谷)유적 출토 예는 중기 중엽의 것으로, 길이 20.7cm, 폭 16.2cm의 장방형을 이루며 양 측면에 결입부가 확인된다. 니시카와츠유적 출토품은 모두 II류에 속하지만, 부정형에 날을 중심으로 일부만 마연한 것과 직선인(直線刃) 반월형 석포정을 그대로 대형화한 것이 발견된다.

킨키의 이케가미유적에서는 150여 점이 출토되었다. I류와 II류가 관찰되지만, 이들은 다시 등의 형태에 따라 4가지로 세분할 수 있다. a는 등이 활모양으로 길게 휘어지는데, 중앙부는 둥글고 양쪽 끝으로 향하면서 직선적으로 펼쳐져 있다. 구멍은 하나이다. b는 등이 반원 형태로 둥글게 휘어진다. 구멍은 하나이다. c는 등이 전체적으로 휘어져 있지만, 중앙 구멍 부분의 좌우가 안쪽으로 구부러지면서 양쪽 끝과 부드럽게 연결된다. 구멍은 하나이다. d는 등 중앙부가 직선적으로 펼쳐지거나 또는 약간 휘어지며, 양쪽 어깨 부분에서 꺾여 바깥쪽으로 넓어지면서 양쪽 끝에 이른다. 꺾인 부분의 바로 아래쪽에 결입부가 있어 그 부분만 오목하다. 어깨 부분에 각각 하나씩, 2개의 구멍이 있다. 이 가운데 d는 II류에서는 보이지 않는다. 또, I류 중에는 행인형(杏仁形) 석포정을 그대로 대형화한 것도 포함된다.

크기는 I류가 길이 20cm 전후, 폭 10cm 전후로 추정되며, II류는 길이 15cm 전후, 폭 10cm 전후로 약간 작다. 한편, 날이 안쪽으로 휘어진 것도 있지만, 이는 직선인의 재가공에 의한 것이라 생각된다.

토카이(東海)와 토호쿠(東北)지방에서도 적지 않게 관찰된다. 아이치(愛知)현 아사히(朝日)유적 출토품은 II류에 속하며, 전체적인 형태는 사다리꼴을 이룬다. 토호쿠에서는 I류에 속하지만, 전체의 형태는 행인형을 그대로 대형화한 것이 있다. 미야기(宮城)현 시미즈(淸水)유적 출토품은 길이가 24cm로 계측된다.

(2) 기능과 용도

대형석포정은 석포정과 형태적으로 유사하며, 또 분포에 있어서도 석포정과 중복된다. 사용흔을 관찰하면 날의 양면에 광택을 가지는 것이 있는데, 뚜렷한 경우에는 등 근처까지 발달하기도 한다. 이는 석포정과 공통적인 것이지만, 이러한 광택이 석포정과 동일하게 벼에 포함된 규산(SiO_2)과의 상호작용에 의한 것인지는 명확하지 않다. 그러나 구멍의 광택은 위쪽으로의 방향성을 갖는 석포정과는 달리 특별한 방향성 없이 표면의 볼록한 부분이 일정하게 마모되면서 광택이 확대된 느낌이 든다. 아마도 날 끝을 수직으로 하여 양면에 동등한 압력을 가한 상하운동, 즉 눌러서 자르는 데에 사용된 것으로 생각된다. 그러나 그 대상물이 어떠한 것인지는 명확하게 알 수 없다.[9]

2. 공구

야요이시대의 공구에는 대륙계 마제석기를 주체로 야요이시대에 새롭게 출현한 것과 죠몬시대부터 계속 발견되는 것이 있다. 전자로는 태형합인석부(太型蛤刃石斧), 주상편인석부(柱狀片刃石斧), 편평편인석부(扁平片刃石斧), 소형방주상편인석부(小型方柱狀片刃石斧), 석소도(石小刀) 등이 있으며, 후자에는 석추(石錐), 삭기(削器), 소기(搔器), 석시(石匙), 설형석기(楔形石器), 석거(石鋸), 지석(砥石), 퇴석(槌石), 고석(敲石), 대석(臺石) 등이 있다.

1) 태형합인석부(太型蛤刃石斧)

태형합인석부(이하 석부로 약칭)의 전형적 형태는 양쪽 측면이 평행하

역주9 사용흔 분석 결과에 의하면 대형석포정은 비교적 여러 줄기의 식물을 날과 평행하는 방향으로 한번에 절단한 것으로서, 수확 후의 짚이나 잡초를 제거하는 데에 이용되었다고 한다(齋野裕彦 外 1999).

고 기부(基部)는 두꺼우며, 옆에서 볼 때 볼록한 2개의 날이 합쳐져 양인(兩刃)을 이루는 것이다. 보통 석부로 불리고 있지만 정확하게는 석부 몸통이며, 손잡이를 장착하여 석부가 된다.

벼농사와 함께 일본에 전해진 대륙계 마제석기 가운데 하나이지만, 한반도 석부 그대로가 아니라 죠몬시대 석부와의 관계 속에서 새롭게 성립되었음이 지적되고 있다.

태형합인석부를 포함한 석부 연구는

〈사진 11〉 태형합인석부 각종

오노 운가이(大野雲外)와 타카하시 켄지(高橋健自)에 의하여 시작되어 야마노우치 스가오(山內淸男), 야와타 이치로(八幡一郞), 후지모리 에이이치(藤森榮一) 등 다수의 학자에 의해서 진행되었지만, 이들을 총괄하여 세계사적인 시각에서 큰 흐름을 정리한 연구자는 사하라 마코토(佐原眞)이다. 사하라는 1977년 발표된 「석부론(石斧論) -횡부(橫斧)에서 종부(縱斧)로-」라는 제목의 논문에서 전 세계 석부에 대한 고찰과 함께 일본의 석부에도 손잡이의 방향과 날이 평행하는 것, 직교하는 것이 존재하기 때문에, 전자를 ‘종부’, 후자를 ‘횡부’로 부를 것을 주장하면서 그 역사적 의의에 대하여 논하였다(佐原眞 1977).

그리고 1982년에는 이에 대해 다시 한번 언급하였는데, 여기서는 주로 일본 석부에 관계된 다수의 문제에 대해서 다루었다(佐原眞 1982). 또, 1985년에는 종부가 벌채·조할(粗割)에, 횡부가 가공에 이용되어 분명한 사용의 구분이 확인되는 것을 근거로, 기능이라는 점에서 전자를 ‘벌채부’, 후자를 ‘가공부’로 부를 것을 주장하였다(佐原眞 1985). 이와 같이 사하라가 행한 일련의 연구는 현재까지 진행된 다수의 석부 연구 가운데 가장 뚜렷한 성과를 이루고 있어, 이 책에서도 이를 인용한 부분이 많다.

(1) 세부명칭

석부 몸통의 부분 명칭은 다음과 같이 부여한다. 몸통은 날이 있는 ‘날부분’과 날 부분을 제외한 나머지에 해당하는 ‘기부(基部)’로 이루어진다. 날 부분은 다시 ‘날면’과 ‘날’로 구분해서 부를 수 있다. 그리고 기부의 양측을 ‘측연(側緣)’이라 한다.

한편, 사하라(佐原)는 날면이 포함된 2개의 주요면과 주요면의 측연에

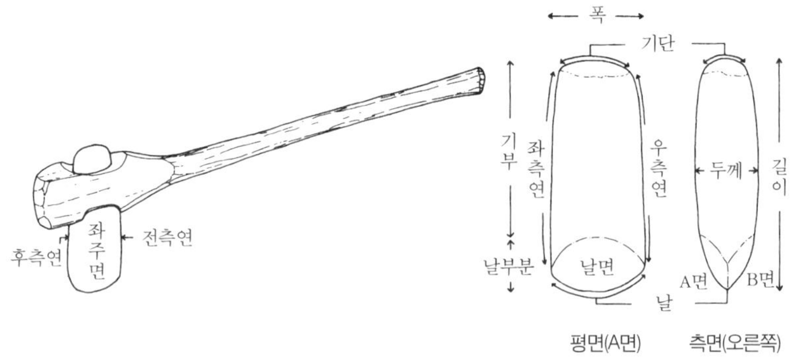

왼쪽 : 손잡이가 장착된 경우, 오른쪽 : 몸통만 발견된 경우

〈그림 8〉 태형합인석부 각 부분의 명칭(왼쪽 도면은 町田章 1985를 일부 수정)

대하여, 사용하는 사람으로부터 볼 때 손에 가까운 방향을 전측연(前側緣), 먼 방향을 후측연(後側緣), 왼쪽을 좌주면(佐主面), 오른쪽을 우주면(右主面)으로 상정하였다. 그러나 이러한 명칭은 손잡이가 장착되어 있는 경우에는 좋지만, 석부 몸통만 출토되는 예가 많은 현재의 상황에서는 적용에 무리가 있다. 여기서는 양쪽 주요면을 간단하게 'A면', 'B면'이라 하고, 측면은 'A면'을 위로 향하게 두었을 때 오른쪽과 왼쪽을 지칭하는 용어로 사용한다.

⑵ 석부 몸통의 분류

석부의 형태를 아래와 같이 3류로 크게 구분할 수 있다. 기부(基部)의 형태를 결정하는 중요한 요인인 기단(基端)이 뾰족하면 '첨기(尖基)', 둥글면 '원기(圓基)', 그리고 평탄한 경우는 '평기(平基)'로 세분한다.

Ⅰ류는 기단이 첨기를 이루기 때문에, 전체적인 형태는 긴 삼각형이 된다. Ⅱ류는 기단이 원기 내지는 평기이며, 날 부분이 옆으로 넓어져 긴 사다리꼴을 이루는 것이다. Ⅲ류도 원기 내지는 평기이지만, 양 측면이 거의 평행한다.

이것에 단면의 형태를 추가하여 편평한 것을 A, 원형에 가까운 타원형

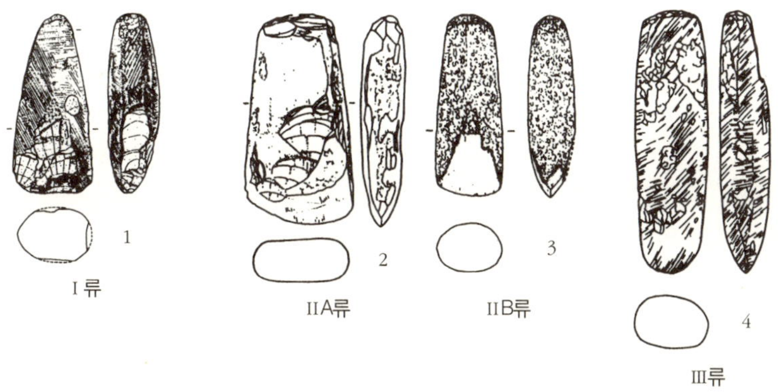

1. 大阪府 池上, 2. 佐賀縣 菜畑, 3. 愛知縣 朝日, 4. 島根縣 西川津

〈그림 9〉 태형합인석부의 형태분류

을 이루면서 두꺼운 것을 B로 상정한 후, 앞서의 분류와 조합하여 이용한다.

(3) 시기적 변천과 지역적 양상

| 조기 |

조기의 양상을 사가(佐賀)현 나바타케(菜畑)유적에서 살펴보자. 나바타케유적의 석부는 ⅠB류와 ⅡA류, 그리고 ⅢA류가 확인된다. 그 중에 다수를 차지하는 것은 긴 사다리꼴의 편평한 ⅡA류로, 완형 1개의 길이가 7.8cm, 폭이 5.2cm, 두께가 1.8cm의 소형에 해당된다. 그러나 현재 남아있는 것 가운데 기단(基端)이 결손되었지만 길이가 11cm에 달하는 것도 있다. 장방형을 이루며 편평한 ⅢA류는 ⅡA류와 달리 평면형이 한반도 출토품과 유사한데, 두께는 3.7cm로 약간 두꺼워지고 있다. ⅠB류는 죠몬시대 이후의 것으로 파편이기 때문에 길이는 명확하지 않지만, 단면 타원형에 두께 4.3cm이다.

이상 조기의 양상은 죠몬시대 이후의 ⅠB류가 소수 잔존하지만, ⅢA류가 주체를 차지한다. 새롭게 등장하는 ⅡA류·ⅢA류를 한반도 출토품과 비교하면, 길이와 무게는 비슷하지만 두께가 약간 얇은 편이다. 이 때문에 폭을 넓힘으로써 무게를 늘린 것으로 생각된다. 이를 근거로 시모죠 노부유키(下條信行)는 조기에 출현한 석부(ⅡA류·ⅢA류)에 대해서 한반도 원통형 석부의 영향을 받으면서도 한편으로는 죠몬 석부의 규칙에 따라 편평형을 유지하는, 즉 양쪽 지역 석부의 요소를 모두 받아들인 존재로 상정한 바 있다.[10]

| 전기 |

북부 큐슈(九州)에서는 전기가 되면 Ⅰ류가 소멸되고 ⅡA류와 ⅢA류가

역주 10 시모죠 노부유키(下條信行 2002)의 최근 연구성과에 의하면, 야요이시대에 등장하는 비교적 대형의 벌채석부는 한반도의 영향을 받지 않고 죠몬시대 석부를 계승·발전시킨 것이라 한다.

주체를 점하게 되지만, 새롭게 ⅢB류가 출현하기도 한다. ⅡA류와 ⅢA류는 조기에서부터 계속된 것이지만, 조기와 비교하여 길이와 두께가 커진다. 전반은 ⅡA류·ⅢA류가 다수를 차지하는 것에 반하여, 후반에는 몸통이 두꺼운 ⅢB류가 주체를 점한다. ⅢB류는 전형적인 태형합인석부로 이타즈케(板付) Ⅰ식기에는 길이가 20cm에 가까운 것도 있지만, 두께는 아직 충분하게 두껍지 않아 측면에 능(稜)이 남아있는 두꺼운 볼록렌즈형의 단면형을 이룬다. 그러나 이타즈케 Ⅱ식기가 되면 20cm를 넘는 것이 많아지고 두께도 5cm 전후로 증가하여 두꺼운 타원형의 단면형을 이루게 된다.

시코쿠(四國) 코치(高知)현 타무라(田村)유적에서 출토된 전기 전반의 석부는, 길이 20cm의 대형품과 11~16cm의 중형품으로 구분된다. 길이에 비하여 폭이 6~8cm로 넓은 편평형의 북부 큐슈 석부와 달리, 폭 6~7cm, 두께 5cm에 가까운 ⅢB류를 주체로 하면서 두께가 얇은 ⅡA류도 소수 확인된다.

중부 세토우치(瀬戸內)에서 킨키(近畿), 토카이(東海) 등으로 전기의 이른 단계에 석부가 전해지고 있지만, 출토 예가 적어 그 양상은 뚜렷하지 않다.

| 중기 |

북부 큐슈에서 전기 말~중기가 되면 대부분 ⅢB류가 된다. 그 양상을 생산유적인 후쿠오카(福岡)현 이마야마(今山)유적에서 살펴보자. 이마야마유적의 석부는 길이 20cm 전후, 폭 6~8cm, 두께 5~6cm의 대형과 길이 15cm 전후, 폭 5~6cm, 두께 3~4cm의 소형으로 구분된다. 기단은 평기(平基)가 많고 원기(圓基)도 확인된다. 이마야마유적의 석부는 두께가 폭에 가까워 기부(基部)가 원통형으로 되어 있는데, 이는 한반도 청동기시대의 석부와 동일한 것이기 때문에 태형합인석부로서는 완성된 형태를 이룬 것이라 할 수 있다.

산인(山陰)에서는 시마네(島根)현 니시카와츠(西川津)유적에서 다수의 석부가 출토되고 있다. 이 유적에서는 길이 20cm, 무게 800g 전후의 대형품

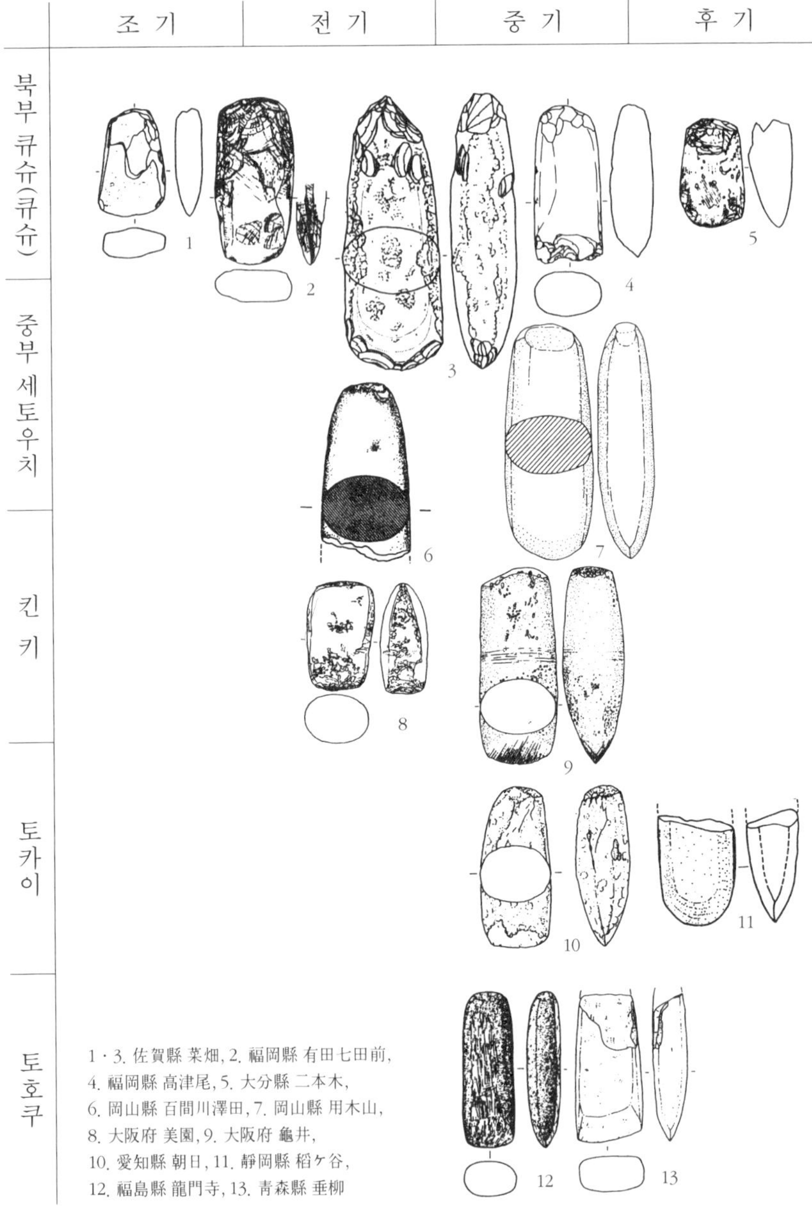

〈그림 10〉 각 지역의 태형합인석부(S : 1/6)

과 길이 12~16cm, 무게 400~700g의 중형품이 확인되지만, 대형품은 소수에 불과하다. 대형·중형 모두 폭은 4~7cm이지만, 6cm 전후가 가장 많고 7cm를 넘는 것은 없다. 또, 두께는 3~5cm이지만, 4~5cm의 것이 다수를 차지한다. 이러한 양상은 소수의 자료에 불과하지만 오카야마(岡山)현 햣켄가와(百間川)유적군이나 미나미카타(南方)유적에서도 관찰되기 때문에, 츄고쿠(中國)지방의 공통적인 현상으로 생각된다.

츄고쿠지방의 석부는 다수가 ⅢB류로, 이에 ⅡB류가 더해진다. 기부는 평기와 원기가 확인된다. 이마야마유적 석부와 비교하면 니시카와츠유적에서 다수를 차지하는 중형은 이마야마유적의 소형에 해당되며, 폭은 거의 같지만 두께는 니시카와츠유적 쪽이 두껍다. 두께와 폭을 비교하면 오히려 이마야마유적의 중형과 비슷하다.

이 차이는 츄고쿠지방의 중기 후반 자료와 비교할 경우 더욱 뚜렷해진다. 오카야마현 햣켄가와유적군과 요기야마(用木山)유적을 보면 ⅢB류를 주체로 ⅡB류가 더해지는데, 20cm 전후의 대형, 11~16cm의 중형, 7~11cm의 소형이 확인되지만 다수는 중형이다. 폭은 소형을 제외하면 5~8cm로 계측되지만, 다수는 6~7cm이다. 또, 두께는 4~6cm이지만, 4~5cm가 다수를 차지한다. 이러한 수치를 볼 때 중기 전반의 니시카와츠유적 출토품보다 폭·두께는 증가하지만 길이에는 뚜렷한 변화가 없기 때문에, 중기 전반에서 후반으로 갈수록 석부의 전체 형태가 땅딸해지는 것이 살펴진다.

킨키지방에서는 오사카(大阪) 이케가미(池上)유적에서 다량으로 출토되고 있다. 형태는 ⅢB류가 다수를 차지하며, ⅡB류와 ⅠB류도 확인된다. 완성품으로 길이 20cm에 이르는 것은 없지만, 미제품 가운데 20cm를 넘는 것이 있어 소수에 불과하지만 20cm 전후의 대형도 존재하였던 것으로 생각된다. 대다수는 길이 15cm 전후, 무게 400~900g의 중형이지만, 길이 9~10cm, 무게 300~400g의 소형도 있다. 폭은 6~8cm이며, 두께는 4~6cm이지만 4~5cm가 대부분을 차지한다. 킨키지방의 다른 예를 살펴보면 폭 4cm 전후의 것이나 두께 2~3cm 전후의 것도 확인되고 있지만, 대다수는 이케가미유적과 동일한 양상을 보인다. 킨키의 석부는 형태, 규격 모두 츄고쿠지방의 것과 매우 유사하다.

토카이지방에서도 주체를 점하는 것은 ⅢB류이며, 소수의 ⅡB류가 더해진다. 기단은 평기와 원기가 관찰된다. 길이 20cm 전후의 대형은 소량이며, 대다수는 12~16cm의 중형으로 10cm 전후의 소형도 확인된다. 아이치(愛知)현 아사히(朝日)유적에서 출토된 중기 후반의 석부는 폭 4~8cm로 어느 정도의 폭을 가지고 있다. 두께는 2~6cm이지만, 4cm 전후가 다수를 차지한다. 폭을 보면 킨키·시코쿠지방에 비하여 4~5cm 정도의 좁은 것이 많다는 점을 지적할 수 있다. 또한, 두께도 얇은 것이 두드러진다.

토호쿠(東北)지방에서는 중기 전반까지 죠몬시대의 석부인 ⅠA류가 남아있다. 그러나 ⅡB류·ⅢB류도 존재하며, 후반에는 대부분 ⅡB류·ⅢB류가 된다. 후쿠시마(福島)현 류몬지(龍門寺)유적에서는 ⅢB류가 주체이면서 여기에 ⅡB류와 ⅠB류가 더해진다. 길이 20cm 전후의 대형은 소수에 불과하며, 12cm 전후의 중형이 다수를 차지하면서 이것에 8~10cm의 소형이 더해진다. 폭은 4~7cm, 두께는 2~5cm이다. 이러한 양상은 토카이지방과 매우 유사한데, 서일본의 예와 비교하면 폭이 좁고 두께도 얇다. 아오모리(靑森)현 타레야나기(垂柳)유적의 석부는 약간 양상이 다른데, 기부 측연(側緣)이 면을 형성하여 단면이 장방형을 이루고 있다.

| 후기 |

다른 석기와 같이 후기가 되면 빠른 속도로 소멸되지만, 일부 지역에서는 전반까지 남아있다.

⑷ 손잡이의 장착과 용도

석부는 손잡이에 장착하여 사용되는데, 그 손잡이는 '━'자형 자루(直柄)가 일반적이다. '━'자형 자루란 몽둥이와 같이 일직선으로 길게 뻗은 형태로, 끝 부분 근처에 구멍을 뚫어 석부 몸통을 손잡이와 평행하게 삽입하여 고정시켰음이 오사카(大阪) 카메이(龜井)유적이나 키토라가와(鬼虎

川)유적, 시마네(島根)현 니시카와츠(西川津)유적에서 발견된 장착 사례로부터 살펴진다. 이와 같이 날의 끝 부분이 이루는 직선이 손잡이의 장축 방향과 거의 평행하게 되는 석부를, 사하라(佐原)는 종부(縱斧)라 하였다.

용도에 대해서는 손잡이의 장착 사례나 석부 몸통의 날 부분에 남겨진 사용흔 등을 통하여, 나무의 벌채에 이용되었다고 보는 것이 일반적이다. 나무를 잘라 넘어뜨리거나 쪼개기에는, 무거워서 나무에 깊게 들어갈 수 있고 두꺼워서 쉽게 나무에서 뽑아낼 수 있는 태형합인석부가 가장 이상적이었다. 또한, 각 지역의 석부를 보면 반드시 대형, 중형, 소형으로 분류되고 있어, 절단 대상에 따라 크기를 구분하여 사용하였음이 추정된다.

⑸ 제작공정

석부의 제작 양상에 대하여 1931년 나카야마 헤이지로(中山平次郎 1931)가 보고한 이후 비교적 실태가 명확하게 밝혀진 이마야마(今山)유적을 살펴보자.

이마야마유적은 현무암 원산지가 존재하는 석부 제작 유적으로, 전기부터 확인되지만 확대되는 것은 전기 말~중기부터이다. 원재료는 노두(露頭)에서 채취한 것과 자연의 자갈을 이용한 것이 있다. 그 제작공정은 아래와 같다.

제1공정=조할(粗割)의 단계로, 대체적인 형태를 성형한다.
제2공정=세부조정의 단계로, 세부의 성형이 이루어진다.
제3공정=고타(敲打) 조정의 단계로, 미세한 요철 등이 평탄하게 된다.
제4공정=마연에 의한 마무리 단계로, 거의 전면이 마연된다.

이마야마유적 42·43지점의 조사에서 출토된 미제품 163점을 각 공정별로 분류하면, 제1공정은 22%, 제2공정은 29%, 제3공정은 48%, 제4공정은 1%로 확인되어 고타에 의한 파손율이 높았음을 추정할 수 있다. 또한, 이마야마유적 42·43지점 석부의 자연면 잔존 유무를 분석한 오리오 마나부(折尾學)는 제1공정이 90%, 제2공정이 76%, 그리고 고타 조정의 제3공정에서도 34.6%나 자연면을 남긴 것이 확인된다는 점을 근거로, 소재 선택의 단계에서 자연 자갈의 선별에 역점을 두었다고 생각하였다.

2) 주상편인석부(柱狀片刃石斧)

주상편인석부(이하 석부로 약칭)란 단면이 장방형 내지 사다리꼴을 이루는 두꺼운 기둥 형태의 편인(片刃)석부를 말하는데, 결입부(抉入部)가 있는 것과 없는 것이 있다. 한반도의 청동기문화에서 볼 수 있어, 논농사와 함께 일본열도에 들어온 대륙계 마제석기군의 하나로 생각된다.

1922년에 우메하라 스에지(梅原末治 1922a)가 결입석착형석부(抉入石鑿形石斧)라는 이름으로 세계적인 시점에서 개관한 이후, 야마노우치 스가오(山內淸男 1932), 하라다 다이로쿠(原田大六 1963), 사하라 마코토(佐原眞 1977; 1982; 1985), 야와타 이치로(八幡一郎 1966; 1968c), 타테히라 스스에(立平進 1978; 1983; 1985) 등의 연구가 있지만, 그 중에서도 사하라에 의한 일련의 논고가 연구를 크게 진전시켜 교과서적인 존재로 인정받고 있다.

〈사진 12〉 주상편인석부 각종

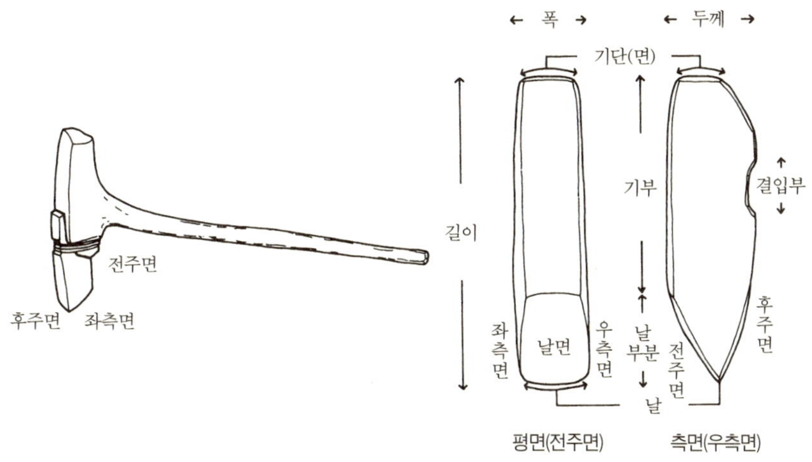

〈그림 11〉 주상편인석부 각 부분의 명칭(왼쪽 도면은 町田章 1985를 일부 수정)

(1) 각 부분의 명칭

명칭은 태형합인석부와 유사하게 부여하였는데, 편인석부의 경우 대부분 날면이 있는 쪽이 전주면(前主面)이 되기 때문에 사하라(佐原)에 의해 상정된 전주면·후주면(後主面), 우측면(右側面)·좌측면(左側面)이란 명칭을 사용하기에 어려움이 없다. 또, 길이는 기단(基端)으로부터 날까지, 폭은 기부(基部)의 최대 폭, 두께는 전주면에서 후주면까지, 즉 측면에서 본 기부의 폭을 지칭하는 개념으로 사용한다.

(2) 형태분류

우선 결입부(抉入部)의 유무에 따라 결입부가 존재하는 것을 Ⅰ류 - 유결식(有抉式), 없는 것을 Ⅱ류 - 무결식(無抉式)으로 구분한다. 그리고 폭보다 두께가 두껍고 단면이 장방형이나 긴 사다리꼴을 이루는 것을 A, 폭과 두께가 거의 같고 단면이 방형 내지 사다리꼴에 가까운 것을 B로 한다.

⑶ 시기적 변천과 지역적 양상

| 조기 |

사가(佐賀)현 나바타케(菜畑)유적에서 길이 11.5cm, 폭 3.1cm, 두께 4.2cm의 약간 작은 Ⅰ류A가 출토되고 있다.

| 전기 |

전기가 되면 분포가 확대되어 킨키(近畿)까지 넓어지고 있다. 단, 북부 큐슈(九州) 이외의 지역에서는 석포정이나 태형합인석부 등에 비하여 소량에 불과하기 때문에, 그 양상이 명확하지 않다.

북부 큐슈 출토품은 대부분이 Ⅰ류A에 해당된다. 또한, 마연이 전면에 이르는 것이 적어 날 부분 이외에 조정의 박리흔을 남기고 있다. 한편, 카고시마(鹿兒島)현 타카하시(高橋) 패총에서는 결입부가 2개 존재하는 것이 확인된다.

중부 세토우치(瀨戶內)는 출토 예가 적기 때문에 양상이 명확하지 않다. 히로시마(廣島)현 오미야(大宮)유적에서는 Ⅰ류가 출토되었는데, 길이 19.9cm, 두께 5.4cm이며 기단(基端)이 결입부 방향으로 경사지게 되는 등 북부 큐슈 출토품과 유사하다.

| 중기 |

중기에는 토카이(東海)·호쿠리쿠(北陸)에서부터 칸토(關東), 토호쿠(東北)까지 폭넓게 확인된다. 그러나 중부 세토우치에서는 극히 소수만이 확인되고 있어 지역에 따라 다른 양상을 보여준다.

북부 큐슈에서는 Ⅰ류A가 주체를 차지하지만, 점차 두께가 얇아져 후반에는 Ⅰ류B가 일정량 확인되고 있다. 또한, 크기에 있어서도 전기 이후 길이가 증가하여 20cm 전후의 것도 확인된다. 한편, 마연은 거의 전면에 이르게 된다. 형태적 특징으로 전기에는 기단이 거의 평탄하지만, 중기에는 결입부가 있는 방향으로 경사지게 된다.

중부 세토우치에서는 후반이 되면 오카야마(岡山)현 요기야마(用木山)

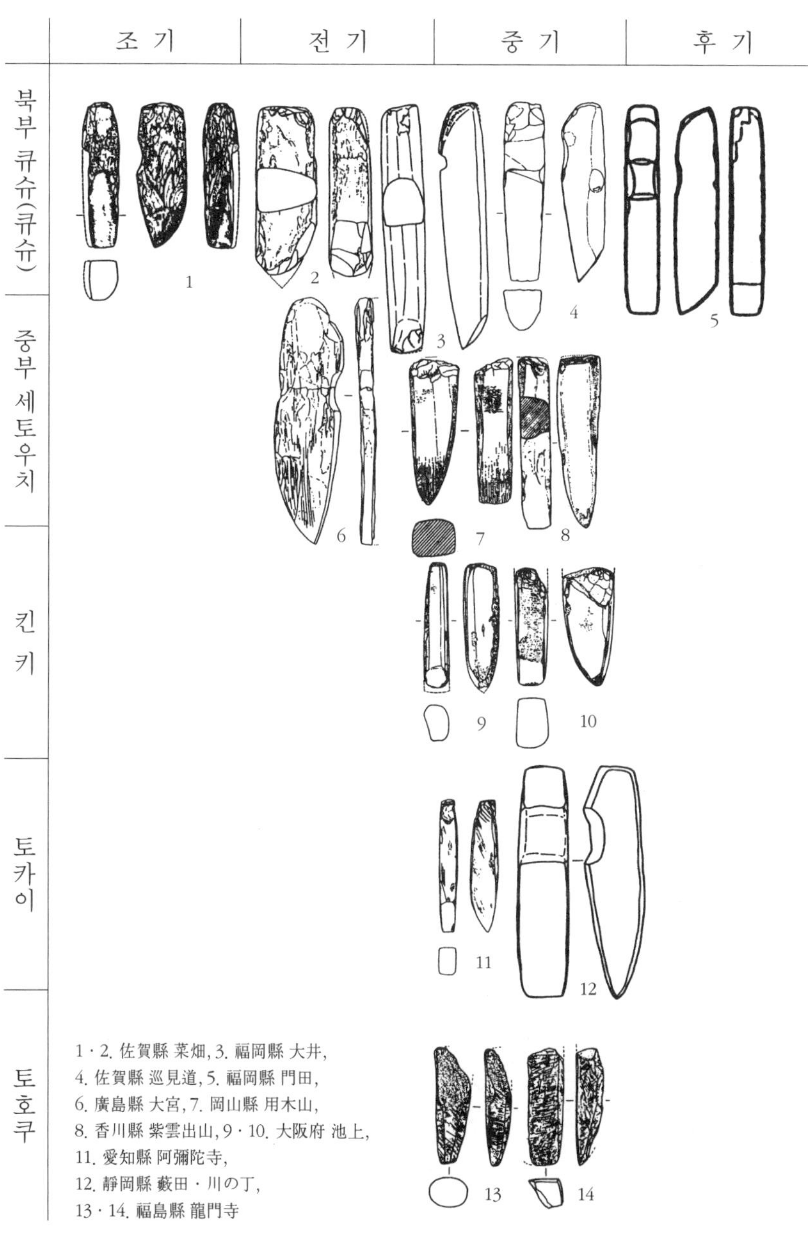

〈그림 12〉 각 지역의 주상편인석부(S : 1/6)

유적이나 카가와(香川)현 시우데야마(紫雲出山)유적의 예를 볼 때, Ⅰ류는 존재하지 않고 대부분이 Ⅱ류, 그것도 Ⅱ류B가 주체를 점하고 있음이 확인된다.

산인(山陰)에서는 Ⅰ류와 Ⅱ류가 모두 확인되지만 Ⅰ류가 많다. 시마네(島根)현 니시카와츠(西川津)유적 출토 석부는 전기~중기에 해당하며, 큰 것은 길이 20cm를 넘지만 대다수는 12~15cm이다. Ⅰ류가 주체를 점하지만 A·B 양자가 모두 확인되며, 기단이 평탄한 것에서 결입부 쪽으로 약간 경사진 것, 심하게 경사진 것 등이 존재하여 북부 큐슈의 전기 말~중기 전반의 양상과 매우 유사하다.

킨키에서는 중기 전체에 해당하는 자료가 이케가미(池上)유적에서 다수 출토되고 있다. 이에 의하면 주체를 점하는 것은 Ⅱ류로, Ⅰ류가 극히 소수에 불과한 것은 북부 큐슈와 크게 다르다. Ⅱ류는 긴 것이 18cm 정도이지만, 대다수는 14~15cm 전후, 폭 3cm 전후, 두께 4cm 전후, 무게 340g 전후이다. 다음으로 길이 8cm 전후, 폭 1.5cm 전후, 두께 2cm 전후, 무게 60g 전후의 중형 석부가 확인되지만, 소형방주상편인석부(小型方柱狀片刃石斧)와 구별하기 어려운 것도 있다. 한편, 단면은 대형·중형 모두 A·B 양자가 확인된다.

토카이에서도 그다지 출토 예가 많지 않지만, 아사히(朝日)유적에서는 Ⅰ류A·Ⅰ류B와 Ⅱ류A·Ⅱ류B가 거의 동일하게 확인된다. 그러나 이러한 경향이 이 지역 전체의 경향인지는 명확하지 않다. Ⅰ류의 기단은 거의 평탄하지만, 시즈오카(靜岡)현 히즈메(日詰)유적이나 야부타(藪田)·카와노쵸(川の丁)유적에서는 기단에서 결입부가 있는 쪽으로 경사진 것이 관찰된다.

칸토에서는 치바(千葉)현 오우마야(大厩)유적에서 후반의 토기와 함께 6점 출토되었는데, 모두 Ⅰ류B이다. 길이는 최대 20.2cm, 최소 9.2cm이다. 칸토에서는 자료가 적기 때문에 확정적인 것은 아니지만, Ⅱ류보다는 Ⅰ류가 주체를 점하지 않을까 생각된다.

각지에서 급속도로 감소하지만, 지역에 따라서는 전반까지 확인할 수 있다.

(4) 손잡이의 장착방식과 용도

석부 몸통을 통하여 장착방식을 파악하는 것은 석부 몸통에 남겨진 장착 흔적의 관찰을 통하여 가능하다. 그러나 최근에는 목제 손잡이의 발견이 많아짐에 따라 손잡이의 검토를 통한 장착방식의 해명이 이루어져, 손잡이의 석부 받침대에 장착되었음이 현재 거의 정설로 받아들여지고 있다.

석부 몸통을 장착한 손잡이는 한쪽 끝이 짧게 구부러져 'ㄱ'자형 자루(膝柄)로 불리는데, 짧게 구부러진 부분을 석부 받침대로서 고정한 것이 많다. 이 경우 손잡이의 방향과 날이 직교하도록 장착한 '횡부(橫斧)'가 절대다수를 차지하지만, '종부(縱斧)'로 사용한 예도 소수 존재하였음을 나가사키(長崎)현 사토타바루(里田原)유적 출토 손잡이를 통하여 지적할 수 있다(正林護 1976; 佐原眞 1977).

용도를 추정하기 위해서는 손잡이의 장착방식과 함께 석부 몸통에 남겨진 사용흔의 관찰이 반드시 필요하다. 사용흔은 주로 날 부분에 남아있는데, 날 부분의 마모, 날의 무뎌짐, 마찰흔 등 대상물이나 작업내용에 따라 다양한 형태가 관찰된다. 날의 무뎌짐이나 마찰흔은 대부분 사하라(佐原)가 전주면(前主面)이라 칭한 부분에 형성되어 있다.

이러한 사용흔 관찰과 함께 손잡이의 장착방법 등을 통하여 주된 용도는 목공구라 생각된다. 특히, 손잡이가 길어 석부 몸통의 중량을 이용한 커다란 원운동에 의하여 목재를 깎아내는 것에 적합하다.

⑸ 제작공정

| 석재의 선택 |

석재는 지역에 따라 다른데, 비교적 가까운 곳에서 산출된 석재를 이용하고 있다. 아래에서 각 지역의 석재를 살펴보자.

북부 큐슈(九州)에서는 혈암, 경사암(硬砂岩), 실트암, 층회암(層灰岩), 이질사암 등이 이용되고 있다. 중부 세토우치(瀬戶內)에서는 사암, 점판암, 녹니편암, 각섬천매암(角閃千枚岩), 경질점판암 등이, 산인(山陰)에서는 녹색편암, 사질편암 등이 확인된다.

킨키(近畿)의 경우 이케가미(池上)유적에서 결정편암이 80% 가까이 이용되고 있으며, 그밖에 녹색암류, 사누카이트, 석영안산암, 슬레이트 등이 확인된다. 다른 유적에서는 석묵편암(石墨片岩), 이회암(泥灰岩), 점판암, 흑색결정편암 등이 이용되고 있다. 또, 토카이(東海)에서는 휘록암, 규질응회암, 실트암, 분암(玢岩) 등이 확인된다.

극히 일부 유적의 자료이지만, 이들을 통해 볼 때 태형합인석부와 달리 퇴적암, 변성암 등 비교적 부드러운 석재가 선택되는 것이 살펴진다. 이와 함께 판상(板狀)으로 쪼개지는 성질을 가진 돌이 선호되고 있어, 제작공정과의 관계가 주목된다.

| 제작공정 |

시마네(島根)현 니시카와츠(西川津)유적에서는 전기~중기에 해당하는 미제품이 출토되고 있는데, 이를 기본 자료로 하여 제작공정을 살펴보자. 한편, 석재는 녹색혈암이 많이 이용되고 있다.

제작은 대개 3공정으로 구분된다. 제1공정은 원석을 거칠게 쪼개어 완성품의 형태와 비슷하도록 조정하는 성형 단계이다. 이 단계의 미제품은 길이 14~15cm, 폭 4~5cm, 무게 450~492g 정도로, 완성품의 대부분이 길이 12~15cm, 폭 3~3.7cm, 무게 248~364g인 것을 볼 때 아직 어느 정도 조정 박리가 필요한 것으로 생각된다.

　제2공정은 고타(敲打)와 마연에 의하여 형태를 조정하는 단계이다. 고타는 주로 후주면(後主面)과 전주면(前主面)에 행하여진다. 이것은 제1공정의 성형 박리가 주로 양쪽 주요면, 특히 전주면에 행하여지는 것과 관계된다. 즉, 성형 박리로 형성된 요철을 고타에 의하여 평탄하게 만드는 것이다. 또, 양 측면은 평탄한 대박리면(大剝離面)으로 이루어진 경우가 많기 때문에, 직접 마연이 행하여진다.

　제3공정은 마무리 마연을 행하여 완성하는 단계이다. 단, 이때의 석부는 완성품 가운데에서도 고타흔이나 박리흔을 일부에 남긴 것이 많다.

3) 소형방주상편인석부(小型方柱狀片刃石斧)

　소형방주상편인석부는 보통의 주상편인석부를 소형화한 형태이다. 종래에는 착형석부(鑿形石斧 - 小林行雄 1951), 소형착상석부(小形鑿狀石斧 - 近藤義郞 1960)의 명칭으로 불려졌지만, 사하라 마코토(佐原眞 外 1964)에 의하여 '소형방주상편인석부' 로 부르게 되었다.

<사진 13> 소형방주상편인석부 각종

(1) 형태분류

　소형방주상편인석부(이하 석부로 약칭)가 주상편인석부와 다른 점은 상대적으로 소형이라는 것뿐이다. 따라서 구분의 경계에 대해서 반드시 뚜렷한 선이 존재하지는 않지만, 일단 기준으로 길이 9cm 이하에 폭·두께

모두 2cm를 넘지 않는 것으로 한다. 단, 단면이 장방형을 이루는 것들은 두께가 2cm를 넘는 경우가 있다.

분류는 주상편인석부와 마찬가지로 유결식(有抉式)을 Ⅰ류, 무결식(無抉式)을 Ⅱ류로 양분한다. 그리고 단면이 장방형이나 긴 사다리꼴을 이루는 것을 A, 방형이나 사다리꼴인 것을 B로 하고, 두께보다 폭이 넓고 단면이 장방형인 것을 C로 한다.

(2) 시기적 변천과 지역적 양상

| 조기 |

사가(佐賀)현 나바타케(菜畑)유적에서 출토된 것은 파편이지만, 폭 1.1cm, 두께 1.9cm 이상이며 단면형은 A이다. 또, 후쿠오카(福岡)현 마가리타(曲り田)유적 출토품도 역시 파편인데, 폭 0.9cm, 두께 1.5cm로 계측되며 단면형은 A이다. 이러한 단편적인 자료만으로 뚜렷한 양상을 파악하는 것은 무리가 있지만, 단면형은 주상편인석부와 같은 경향으로 생각된다.

| 전기 |

북부 큐슈(九州) 이외 지역의 자료는 극히 적다. 사가현 나바타케유적에서는 이타즈케(板付) Ⅰ식기의 완성품이 출토되고 있다. 길이 8.1cm, 폭 1.2cm, 두께 3.4cm로 Ⅱ류A에 속한다. 같은 이타즈케 Ⅰ식기에도 오시가와(押川)유적에서는 길이 9cm, 날 부분 폭 1.3cm, 두께 1.6cm의 Ⅱ류B가 있으며, 단면형은 A·B 양자가 존재한다. 후쿠오카현 아리타시치타노마에(有田七田前)유적에서도 양자가 출토되고 있다.

후반이 되면 날 부분의 마연이 약간 조잡해지면서 요철이 관찰된다. 단면형은 A·B 양자가 확인된다.

전기에는 전반적으로 Ⅱ류가 압도적 다수를 차지하고 있지만, 몬덴(門田)유적에서는 길이 8.5cm, 날 부분 폭 0.6cm, 두께 1.7cm로 계측되는 Ⅰ류가 출토된 바 있다.

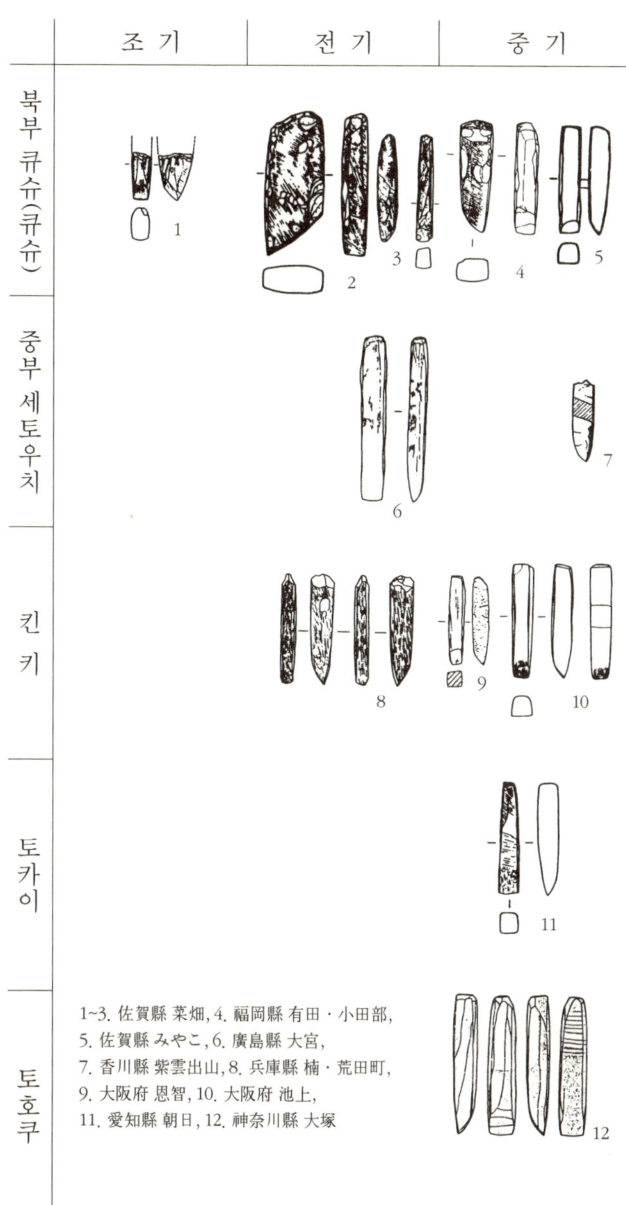

〈그림 13〉 각 지역의 소형방주상편인석부(S : 1/4)

큐슈에서 토호쿠(東北)까지 넓은 지역에서 확인되고 있지만, 출토 예는 소수에 불과하다. 큐슈에서는 전기부터 계속하여 II류가 대부분을 차지하고 있다. 단면형은 A · B 양자가 확인되지만 B가 많다. 또한, 날 부분도 전기 후반과 같은 양상으로 마연이 조잡해진다. 쥰켄도(巡見道)유적 출토품과 같이 길이 4.5cm, 날 부분 폭 0.7cm, 두께 1.3cm의 작은 것도 확인된다.

중부 세토우치(瀬戶內)에서의 출토 예는 극히 소수에 불과하지만, 그 대부분은 II류로 현재까지 I류는 확인되지 않고 있다. 산인(山陰)에서는 시마네(島根)현 니시카와츠(西川津)유적에서 전기~중기에 해당하는 것이 출토되고 있다. 모두 II류로 단면형은 A · B 양자가 확인된다. 길이는 6cm 전후, 폭은 1.1~1.6cm, 두께는 1~1.6cm로 계측된다.

킨키(近畿)에서는 오사카(大阪) 이케가미(池上)유적에서 주상편인석부 C~F 형식으로 분류된 것이 해당된다. II류가 다수를 점하지만, I류도 소수 존재한다. II류의 단면형으로는 A · B · C의 3자가 확인되며, 길이는 5.5~7.6cm, 폭 1~1.6cm, 두께 0.9~1.9cm, 무게 13~26g이다. I류에 속한 1점의 완성품은 단면 B로, 길이 6.3cm, 폭 1.2cm, 두께 1.2cm, 무게 18g이다.

토카이(東海)에서도 대부분이 II류이다. 아이치(愛知)현 아사히(朝日)유적 출토품은 길이 3.5~4.2cm, 폭 1~1.5cm, 두께 0.6~0.8cm의 작은 것으로 단면형은 C이다. 칸토(關東)의 경우도 대부분이 II류로 추정되는데, 치바(千葉)현 오우마야(大廐)유적에서는 II류B가 확인된다. 토호쿠에서의 출토 예는 극히 소수에 불과하며, 후쿠시마(福島)현 류몬지(龍門寺)유적 출토품과 같이 단면이 타원형을 이루던가 날 부분이 뚜렷하지 않는 등 전형적 형태에서 상당히 벗어난 것이 확인된다.

⑶ 손잡이의 장착방식과 용도

| 장착흔 |

석부의 장착 흔적을 볼 수 있는 사례가 있다. 카나가와(神奈川)현 오츠카(大塚)유적에서 출토된 길이 7.7cm의 II류B 석부가 그것인데, 후주면(後

主面)과 양 측면의 후주면 가까이에 끈으로 석부 몸통을 자루와 감은 흔적
이 흑백 10줄 전후의 선으로 남아있다(佐原眞 1977). 이것은 날이 있는 면
이 석부 받침대와 접촉하여 전주면(前主面)이 되는 것을 보여주고 있다.
즉, 주상편인석부와 같이 ‘ㄱ’자형 자루(膝柄)의 석부 받침대에 손잡이의
방향과 날이 직교하도록 장착한 횡부(橫斧)이다. 또, 오츠카유적 이외에도
기부(基部)에 가로 방향으로 마찰흔이나 마모흔이 관찰되는 예가 있어, 목
제 손잡이에 장착되었음이 분명하다.

│ **용도** │

손잡이의 장착방식이나 날 부분의 사용흔을 볼 때 목공구로 추정되지
만, 주상편인석부와는 달리 세밀하게 깎아 홈을 정리하는 데에 이용된 것이
라고 생각되고 있다. 단, 소수에 불과하지만 기단(基端)에 타격 흔적을 남
긴 것이 있어, 끌과 같이 구멍을 뚫기 위하여 직접 망치로 타격하였을 가능
성도 있다.

⑷ 석재의 선택

주상편인석부와 같이 비교적 무른 재질의 석재로, 마연 가공이 쉬운 퇴
적암, 변성암이 이용되고 있다.

4) 편평편인석부(扁平片刃石斧)

편평편인석부(이하 석부로 약칭)는 지금의 대팻날과 같이 폭이 넓고 얇은
편인(片刃)의 석부로(小林行雄 1959), 대륙계 마제석기군 가운데 하나이다.

편인석부에 대한 연구는 오래 전 우메하라 스에지(梅原末治 1922a)에
의하여 시작되었지만, 그 후 연구의 방향을 제시한 것은 야마노우치 스가오
(山內淸男 1932)로 편인석부를 ‘결입석부(抉入石斧)’, ‘방주상편인석부(方
柱狀片刃石斧)’, ‘편평편인석부’로 구별하였다. 사하라 마코토(佐原眞)는
1964년에 편인석부를 ‘주상편인석부’, ‘소형방주상석부(小型方柱狀石
斧)’, ‘편평편인석부’로 나누어 고찰하였다. 이와 함께 석부에 대한 일련의

종합적인 연구성과를 발표하였는데(佐原眞 1977; 1982; 1985), 현재까지 가장 일반적으로 받아들여지고 있는 교과서적 문헌이 되고 있다.

(1) 각 부분의 명칭

편인(片刃)석부의 경우 날 부분이 있는 쪽이 전주면(前主面)이며, 그 반대쪽이 후주면(後主面)이 된다. 전주면은 날 부분과 기부(基部)로 나누어지는데, 각각의 끝을 날, 기단(基端)이라 한다.

(2) 형태분류

〈사진 14〉 편평편인석부 각종

석부 몸통의 전형적인 형태는 평면 장방형에 단면이 편평한 장방형을 이루며, 날 부분에는 약 45~60° 정도의 날카로운 편인(片刃)이 부착된다. 그러나 평면형이나 단면형이 다른 것도 있다. 일반적으로 전면을 마연하지만, 일부분만 마연한 것도 있다. 이들은 기부(基部) 폭에 의하여 대형 · 중형 · 소형으로 구분되지만, 이러한 분류에 뚜렷한 근거는 없어 편의에 따른 것이라 할 수 있다. 대강의 기준을 제시하면, 대형은 폭 4~6cm 정도, 중형은 2.5~4cm 정도, 소형은 2.5cm 이하이다.

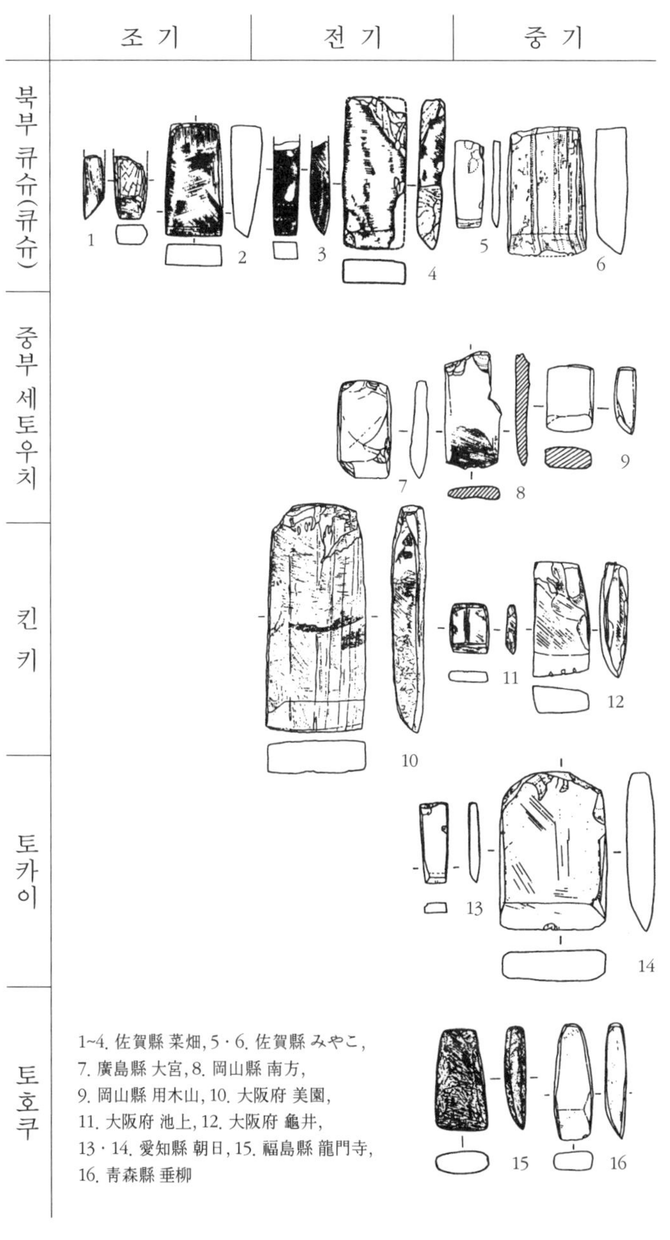

〈그림 14〉 각 지역의 편평편인석부(S : 1/4)

⑶ 시기적 변천과 지역적 양상

| 조기 |

사가(佐賀)현 나바타케(菜畑)유적의 가장 이른 단계부터 확인된다. 파편이지만 소형에 속하는 것으로 폭 1.9cm, 두께 1.1cm로 계측되며, 날 부분의 마연은 날카롭다. 단면은 장방형을 이룬다. 조기에는 소형이 주로 확인되며, 중형은 기단(基端)이 평탄하지만 소형은 옆에서 볼 때 뾰족한 편이다. 한편, 나바타케유적에서는 부분적인 마제의 석부도 존재한다.

| 전기 |

큐슈(九州)로부터 킨키(近畿) 일대까지 확대되어 확인되지만, 중부 세토우치(瀬戸内)의 예는 극히 적다. 북부 큐슈의 이타즈케(板付)유적 출토품은 길이 6cm, 폭 1.9cm, 두께 1.3cm로 계측되며, 기부(基部)를 옆에서 볼 때 뾰족한 것이 있다. 중형은 나바타케유적에서 길이 8.1cm, 폭 3.5cm, 두께 1.4cm로 계측되며, 단면 장방형에 평탄한 기부를 이루는 것이 출토되고 있다.

후반도 전반과 거의 같은 양상이다. 전기 전체에 걸쳐 소형과 중형이 확인되며, 소형의 경우 옆에서 볼 때 기부가 뾰족한 것이 특징이다. 날은 모두 직선적이지만, 부분적으로 마연이 행하여진 경우에는 약간 곡선적이거나 편인(偏刃)의 경향이 관찰되는 것이 많다.

시코쿠(四國)에서는 타무라(田村)유적에서 전반에 해당하는 석부가 출토되고 있다. 중형에 속하는 것으로 길이 6cm, 폭 2.8cm, 두께 1cm로 계측되며 단면은 장방형이다. 킨키에서는 오사카(大阪) 미소노(美園)유적에서 출토되고 있다. 길이 11.6cm, 폭 5.2cm, 두께 1.6cm로 계측되어 대형에 속한다.

| 중기 |

중기에는 토카이(東海), 칸토(關東), 그리고 토호쿠(東北)까지 확대되지만, 출토량은 소수에 불과하다. 북부 큐슈에서는 소형, 중형과 함께 대형도 확인된다. 사가현 미야코(みやこ)유적의 대형 석부는 길이 6.8cm, 폭

4.8cm, 두께 1.7cm로 계측되어, 폭에 비하여 길이가 짧은 편이다.

시코쿠에서는 타무라유적의 중기 후반 자료가 있다. 대형과 중형이 관찰되는데, 기단보다 날 부분의 폭이 넓은 것이 있다. 중부 세토우치에서는 모두 후반에 해당하지만 카가와(香川)현 시우데야마(紫雲出山)유적에서 소형과 중형, 오카야마(岡山)현 요기야마(用木山)유적에서 대형과 중형이 확인된다. 요기야마유적에서 가장 큰 것은 길이 10.7cm, 폭 2.1cm, 두께 2.1cm이며, 가장 작은 것은 길이 3.6cm, 폭 2.6cm, 두께 1.1cm로 계측되었다. 양 측면이 둥근 편이며 날 부분의 마연이 조잡하고 날도 곡선적이거나 편인(偏刃)인 예가 많은 등, 전체적으로 조잡해지는 경향이 확인된다.

산인(山陰)의 니시카와츠(西川津)유적에서는 전기~중기에 해당하는 예가 있는데, 대형·중형·소형이 존재하며 단면 장방형에 양 측면은 뚜렷한 면을 이루고 있다. 킨키는 이케가미(池上)유적으로 대표된다. 대형·중형·소형이 존재하며, 대형은 길이 5.5~8.9cm, 두께 0.7~2.3cm, 무게 56~202g으로 계측된다. 평면은 장방형을 이루는 것이 많지만, 기단보다 날 부분이 넓은 것 또는 그 반대로 된 것 등이 있다. 중형은 길이 3.4~14.8cm, 두께 0.5~1.5cm, 무게 10~71g으로 계측된다. 평면형에 대해서는 대형 석부와 동일한 경향을 지적할 수 있다. 소형은 길이 2.4~5.9cm, 두께 0.3~1.2cm, 무게 2~35g으로 계측된다. 평면형은 대형과 동일하다.

이상은 전면이 마연된 것이지만, 부분적으로 마연된 대형과 중형도 있다.

토카이에서는 아이치(愛知)현 아사히(朝日)유적에서 소형·중형·대형이 출토되고 있다. 평면형은 폭이 넓고 길이가 짧아 방형에 가까운 것이 눈에 띈다. 또, 기부보다 날 부분이 넓은 것도 있다.

토호쿠에서는 아오모리(靑森)현 타레야나기(垂柳)유적이나 이와테(岩手)현 우에노(上野) B유적, 그리고 후쿠시마(福島)현 류몬지(龍門寺)유적 등에서 출토되는데, 대형과 중형이 확인된다. 류몬지유적 출토품은 평면 장방형보다 기부에 비하여 날 부분이 넓은 것이 많다. 단면형도 양 측면이 둥근 편이거나 면을 이루지 않고 뾰족한 것이 많기 때문에, 일반적인 석부와 약간 다르다.

| 후기 |

후기의 전반까지 남아있는 지역도 있지만, 빠른 속도로 소멸되어 간다.

⑷ 석재의 선택

북부 큐슈(九州)에서는 규질실트암, 층회암(層灰岩), 이질사암, 사질혈암, 점판암, 혈암 등이 이용되고 있다. 중부 세토우치(瀨戶內)에서는 각섬천매암(角閃千枚岩), 경질점판암, 규질혈암, 녹니편암, 사암, 유문암 등이, 산인(山陰)에서는 혈암, 이질편암, 사질혈암 등이 확인된다.

킨키(近畿)의 이케가미(池上)유적 출토 석부의 석재는 50% 가까이가 결정편암이며, 그밖에 녹색암류, 혈암, 사누카이트 등이 이용되고 있다. 토카이(東海)의 아사히(朝日)유적에서는 휘록암, 응회질혈암, 반암(斑岩), 규질혈암, 분암(玢岩), 녹색천매암 등이 석부의 석재로서 확인된다.

이상의 석재를 보면 지역에 따라 다소 차이가 있기는 하지만, 기본적으로 퇴적암이나 변성암이 다수 이용되고 있음이 확인된다. 퇴적암이나 변성암은 편평하게 나누어지는 성질이 있기 때문에, 석부의 제작에 적합하였다고 생각된다.

⑸ 손잡이의 장착방식과 용도

| 손잡이의 장착흔 |

오사카(大阪) 미소노(美園)유적 출토품 가운데 전주면(前主面)의 중앙부에 손잡이를 장착할 때의 끈 흔적이 확인된 것이 있다. 한편, 석부 손잡이의 발견도 상당수에 이르며, 석부 몸통과의 관계도 사하라(佐原)에 의하여 밝혀져 있다. 석부 몸통이 장착된 손잡이는 'ㄱ'자형 자루(膝柄)로, 짧게 꺾어진 부분이 석부 받침대가 된다. 석부 받침대에 장착된 석부 몸통의 날 부분은 손잡이의 방향과 직교하여 횡부(橫斧)로 사용되고 있다.

목공구로서 주상편인석부와 함께 목재의 표면을 깎거나 다듬는 용도가 추정된다. 단, 날 부분은 예리하지만 얇고 가볍기 때문에 1차적인 가공에는 이용되지 않고, 세부가공이나 평탄하게 마무리하는 작업, 혹은 홈의 내부를 파내는 등에 사용된 것으로 추정된다.[11]

5) 석추(石錐)

석추는 회전운동에 의하여 구멍을 뚫기 위한 공구로, 구석기시대 이후부터 확인되고 있다. 가장 많은 수를 차지하는 것은 타제석추이며, 그밖에

〈사진 15〉 석추 각종(왼쪽 : 타제석추, 오른쪽 : 역추)

역주 11 토호쿠(東北) 출토품에 대한 사용흔 분석 결과, 물에 불린 나무의 가공이나 가죽 벗기기에 이용된 것으로 추정된 바 있다(齋野裕彦 1998).

환상석부(環狀石斧) 등의 구멍 뚫기에 이용된 '역추(礫錐)', 옥을 뚫는 데에 사용된 '옥추(玉錐)' 등이 있다.

(1) 형태분류

| 타제석추 |

타제석추의 형태는 추의 날 부분인 '추 부분'과 이것에 이어진 '머리 부분'으로 구성된다. 따라서 분류는 이 양자의 조합에 의해서 이루어지는데, 지금까지 오사카(大阪) 이케가미(池上)유적(石神幸子 1979)이나 하치야 하루미(蜂屋晴美 1985)에 의한 분류 등이 알려져 있다. 이 책에서는 하치야의 분류에 기초하여 다음의 3류로 구분한다.

> I류 : 머리 부분과 추 부분의 경계가 뚜렷하며, 추 부분이 세장한 것.
> II류 : 전체가 두꺼운 다각형 내지 눈물형을 이루며, 뾰족한 부분에 추 부분이 만들어진 것.
> III류 : 머리 부분과 추 부분의 경계 없이, 거의 일정한 폭을 가진 막대기 형태의 것.

| 역추 |

소형과 대형이 있다. 소형의 형태는 세장한 원형 자갈 혹은 이것을 마연하여 다듬은 것의 한쪽 끝 또는 양쪽 끝을 추 부분으로 만든 것이다. 대형의 형태는 소형과 거의 같지만, 길이가 소형의 2배 정도이다.

| 옥추 |

길이 2~3cm 전후, 직경 3mm 전후의 막대기 형태를 이룬다.

(2) 시기적 변천과 지역적 양상

| 조기 |

북부 큐슈(九州)에서는 타제석추가 그다지 다수 관찰되지 않는다. 후쿠오카(福岡)현 마가리타(曲り田)유적의 타제석추는 모두 II류에 속하며, 길이는 3cm 전후로 계측된다. 또, 마가리타유적에서는 소형의 역추가 출토되고 있다. 이것은 소형 장방형 지석의 끝 부분을 사용한 것, 원형 기둥 모양

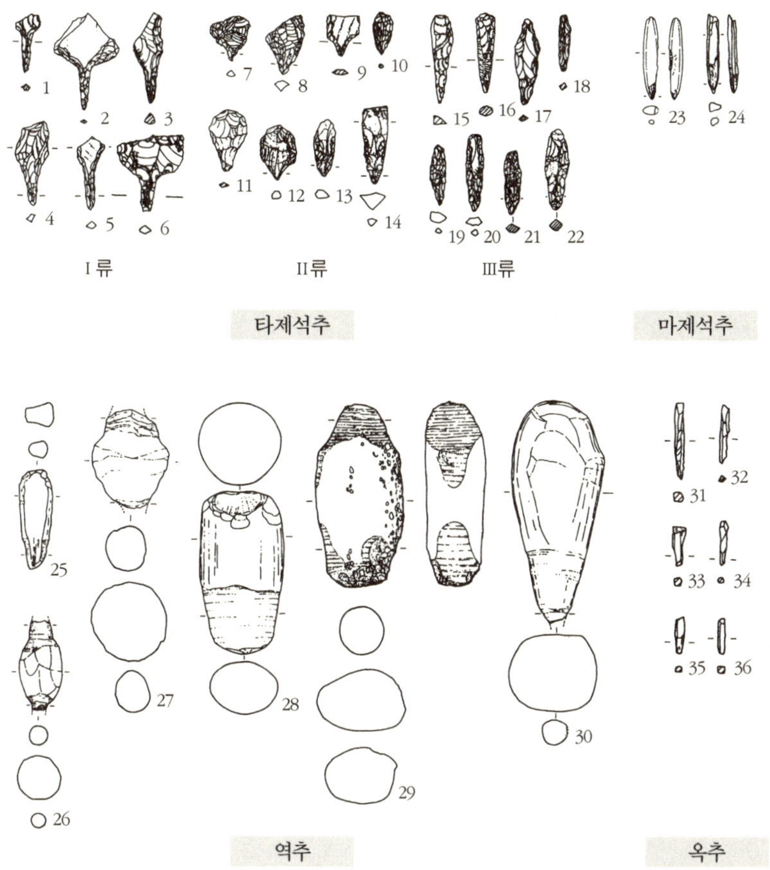

1·9·15·16. 岡山縣 用木山, 2·3·10·11·17·18. 兵庫縣 田能, 4·5. 大阪府 龜井,
6. 岩手縣 兎Ⅱ, 7·8. 佐賀縣 菜畑, 13·14. 愛知縣 朝日, 19·20. 愛知縣 勝川, 22. 福島縣 龍門寺,
23. 鹿兒島縣 王子, 24. 福岡縣 燒ノ正, 25~27. 福岡縣 曲り田, 28·30. 福岡縣 板付,
29. 大阪府 池上, 31~36. 鳥取縣 長瀬高浜

〈그림 15〉 석추(S : 1/4, 옥추는 1/2)

으로 다듬은 뒤 그 양끝을 사용한 것, 편구형(偏球形) 석재의 양끝을 사용한
대형의 것으로 나누어진다. 석재는 타제석추가 흑요석, 역추는 사암이 다수
이용되고 있다.

| 전기 |

큐슈에서는 전기 이후 타제석추가 매우 적어진다. 중부 세토우치(瀨戶內)에서는 사누카이트를 이용한 타제석추가 일정량 관찰된다. 오카야마(岡山)현 햣켄가와(百間川)유적군에서는 Ⅰ·Ⅱ·Ⅲ류가 알려져 있지만, Ⅱ·Ⅲ류는 소수에 불과하다.

시코쿠(四國)는 세토우치 쪽을 제외하면 타제석추의 양이 매우 적어, 코치(高知)현 타무라(田村)유적의 경우 거의 확인되지 않는다. 킨키(近畿)에서는 유적에 따라 차이가 있지만, 사누카이트를 이용한 타제석추가 반드시 일정량 존재한다. Ⅰ류가 다수이지만 Ⅱ·Ⅲ류도 존재하며, 길이는 3~5cm로 계측된다.

| 중기 |

큐슈에서는 전기 이후 타제석추의 출토량이 소수에 불과하다. 출토 예는 적지만 마제의 석추가 후쿠오카현 야케노쇼(燒ノ正)유적이나 카고시마(鹿兒島)현 오지(王子)유적 등에서 확인되고 있다. 츄고쿠(中國)·시코쿠에서도 중부 세토우치를 제외하면 전기 이후 타제석추의 출토 예는 극히 적다. 중부 세토우치에서 일정량 확인되는데, Ⅰ·Ⅱ·Ⅲ류가 관찰된다.

킨키에서는 사누카이트를 이용한 타제석추가 많이 보인다. 이러한 양상을 오사카(大阪) 이케가미(池上)유적 출토품을 통하여 살펴보자. 이케가미유적에서는 A~L 타입으로 세분되고 있지만, 이 책의 분류에 따라 다시 구분한다. Ⅰ류는 추 부분의 길이가 1cm 미만의 것, 1~2cm인 것, 2cm 이상인 것으로 구별되는데, 길이 2cm 미만의 것은 끝 부분 직경이 5.5mm를 넘는 것이 많고 2cm 이상의 것은 그 직경이 5.5mm 이하로 얇아지는 경향이 확인된다고 한다. 추부 단면은 압도적으로 마름모꼴이 많다.

Ⅱ류는 길이 3~4cm를 넘는 것이 많지만, 5cm를 넘는 경우도 있다. 또, 평면형이 배부른 타원형을 이루는 것은 양끝을 추 부분으로 하는 경우가 많다. 추 부분의 단면은 마름모꼴이 많지만, 편평한 마름모꼴이나 삼각형도 관찰된다.

Ⅲ류는 몸통이 얇아 최대 폭 1cm 이하, 길이 4cm 이상의 것이 많다. 추 부분 단면은 마름모꼴과 삼각형이 있다. 호쿠리쿠(北陸)에서도 적지 않은 타제석추가 관찰된다. 이시카와(石川)현 요시자키(吉崎)·츠기바(次場)유적에서는 휘석안산암(輝石安山岩)이 이용되며, Ⅰ·Ⅱ·Ⅲ류가 확인된다. Ⅲ류 가운데에는 옥 제작의 미제품이 출토되고 있기 때문에, 옥추도 존재하였을 것이라 생각된다.

토카이(東海)에서도 타제석추는 적지 않게 존재한다. Ⅰ류는 소수에 불과한 반면, Ⅱ·Ⅲ류가 다수 확인된다. 토호쿠(東北)에서도 타제석추는 일정량 존재하지만, 역시 Ⅱ·Ⅲ류가 다수를 차지하며 Ⅰ류는 소수이다. 후쿠시마(福島)현 류몬지(龍門寺)유적에서는 유문암이 이용되며, Ⅲ류가 주체를 차지한다.

⑶ 사용흔과 석재

| 타제석추 |

타제석추는 큐슈(九州)에서 토호쿠(東北)까지 넓게 분포하지만, 양적으로 보면 킨키(近畿)가 가장 풍부하고 다음으로 중부 세토우치(瀨戶內)나 토카이(東海)에 일정량 존재한다. 칸토(關東)나 토호쿠에도 적지 않게 확인되지만, 큐슈의 출토 예는 매우 적다.

타제석추는 추 부분 내지 그 끝 부분에 남은 마모흔을 통하여 회전하여 구멍을 뚫는 작업이 쉽게 추정된다. 그러나 구멍을 뚫는 대상이 어떤 것이었는가를 추정하기는 쉽지 않다. 야요이시대의 구멍이 뚫린 대표적인 도구는 석포정이지만, 이밖에도 석제 장식품, 방추차, 마제석검, 석과(石戈) 등의 석기뿐만 아니라 뼈나 나무 제품, 천이나 가죽 제품에도 사용되었을 가능성이 있다.

한편, 타제석추는 대상물에 따라 형태가 달랐을 것으로 생각된다. 즉, Ⅰ류는 구멍의 끝은 좁아지지만 깊게 뚫는 데에, Ⅱ류는 원추형의 얕은 구멍을 뚫는 데에, Ⅲ류는 세장한 구멍 뚫기에 적당하다.

그런데 하치야 하루미(蜂屋晴美)는 타제석추의 회전흔 직경과 각종 유물에 남은 구멍 직경의 비교를 통하여, 야요이시대의 회전흔 직경이 죠몬시대에 비하여 크기 때문에 작업 대상물은 한반도에서 전래된 것이 주체를 점한다고 하면서 그 중에서도 석포정을 주로 추정하고 있다.

그렇다면 앞서 언급한 타제석추의 분포상황과 석포정의 관계는 어떠할까? 우선 큐슈, 특히 북부 큐슈에서는 석포정의 제작이 활발한 것과 관계없이 타제석추 출토 예가 매우 적다. 특히, 후쿠오카(福岡)현 타테이와(立岩)유적에서 확인되지 않기 때문에 석포정과의 관계는 인정하기 어렵다. 큐슈에서는 남기 어려운 재질로 제작한 구멍 뚫는 도구가 주로 사용된 것일까?

중부 세토우치는 구멍이 없는 타제석포정이 다수 확인되는 곳이기 때문에 타제석추가 소수라도 상관없다고 하치야는 기술하였지만, 주요한 석기 조성(組成)으로 일정량 존재하는 상황은 역시 석포정과의 관계를 부정하고 있다.

킨키나 토카이에서는 양 기종이 모두 존재하고 있지만, 이것이 석포정과의 결합을 나타내는 것인지는 의문이다. 만약, 석포정의 구멍 뚫기를 행한다 하더라도, 양쪽 면에서 얕은 원추형의 구멍을 뚫는 II류가 적합하며 긴 추 부분을 가진 I · III류는 관계가 없을 것이다.

토호쿠에서도 양 기종이 일정량 존재하지만, 석포정에 비하면 타제석추의 양이 소수에 불과하고 석포정의 미제품이 출토된 유적에서 타제석추가 관찰되지 않는 등 이러한 관계의 설정은 무리가 있는 것으로 생각된다.

타제석추는 각 시대에 따라 구멍 뚫기의 대상물이 변화함과 함께 다양해진 것으로 생각된다. 야요이시대에 전래된 대륙계 마제석기군도 이러한 다양화에 포함된 것으로, 결코 이것이 주된 대상물이라고 생각할 수는 없다. 오히려 구멍 뚫기를 필요로 한 다양한 '물건'에 대한 도구로서 철추(鐵錐)가 보급되기 전까지 이용되었을 것이다.

| 역추 |

소형 역추는 큐슈, 특히 북부 큐슈를 중심으로 조기~전기에 존재한다. 가장 많이 출토된 곳은 후쿠오카현 마가리타(曲り田)유적이다. 8점 중 거의

전체 형태가 살펴지는 것은 6점이며, 이 가운데 지석을 전용(轉用)한 1점을 제외하면 모두 양쪽 끝에 추 부분이 형성되어 있다.

이 추 부분을 관찰하면 횡방향의 마찰흔이 확인되며 단면 또한 완전한 원형을 이루고 있기 때문에, 회전운동에 의하여 구멍을 뚫는 도구임이 분명하다. 추 부분의 직경은 약간 큰 것(1.6~2.1cm) 하나를 제외하면, 1~1.5cm로 석포정의 끈 구멍 직경과 거의 같다. 이를 근거로 나카마 켄시(中間硏志 1985a)는 석포정의 끈 구멍이나 토기 수리를 위한 구멍에 이용된 것으로 추정하고 있다. 그러나 출토량이 소수에 불과하고 중기에는 거의 관찰되지 않는 점, 타테이와유적에서 확인되지 않는 점 등은 이러한 주장의 타당성에 결점으로 작용하고 있다.

대형 역추는 이케가미(池上)유적에서 8점 출토되고 있다. 추 부분은 한쪽만 존재하는 것과 양쪽 끝에 형성된 것이 있다. 추 부분을 관찰하면 거칠고 큰 선상흔을 가진 것, 장축과 직교하는 방향의 매우 얕은 단을 이루며 표면이 매끄러운 흔적을 남긴 것이 확인되지만, 모두 회전에 의하여 형성된 것이다.

추 부분의 끝 부분 직경을 보면, 평균 1.5cm로 계측된다. 이것은 이케가미유적에서 출토된 환상석부(環狀石斧) 중심 구멍의 안쪽 직경 1~3.6cm, 바깥쪽 직경 1.5~4.2cm와 거의 일치한다. 따라서 환성석부나 환석(環石) 등의 구멍 뚫기에 이용된 것으로 추정된다.

이 역추의 사용방법에 대해서는 구멍을 뚫는 대상물 위에 역추를 올려놓은 다음, 역추의 위쪽에 무른 재질의 돌이나 목재를 끼워 가볍게 누르면서 중앙의 기부(基部)에 끈 또는 가죽 벨트를 걸쳐 앞뒤로 움직인다라는 견해가 있다(中間硏志 1985a). 마가리타유적에서는 누르는 데에 사용된 것으로 생각되는 '발화구(發火具) 모양 석기'가 출토되고 있어, 이러한 사용방법의 추정도 주목할만하다.

(4) 제작공정

타제석추의 제작공정을 복원하기 위해서는 미제품이 단서가 되지만,

확인이 곤란한 경우가 많고 특히 석촉과의 구별이 어렵다. 이는 소재가 된 박편의 박리에서 성형 단계까지 제작기술 및 형태에 있어서 공통하는 점이 많기 때문일 것이다.

제 I 공정은 석핵에서 소재가 되는 박편을 박리하는 단계이다. 제 II 공정은 소재가 된 박편의 주변부터 타격 또는 절단에 의하여 성형하는 단계이다. I 류는 머리 부분에 대박리면(大剝離面)을 남긴 예가 많고, 형태를 다듬기 위한 절단이 자주 관찰된다. 제 III 공정은 세부의 조정을 행하여 완성하는 단계로, 그 대상은 주로 추 부분이다. I 류와 III 류는 특히 정교하게 추 부분을 만들며, 양 측면에서부터 세부조정을 행하여 단면형이 마름모꼴이 되도록 마무리한다.

6) 석소도(石小刀)

석소도는 양면조정(兩面調整) 첨두삭기(尖頭削器) 중에서 외만(外彎)하는 바깥쪽의 날 부분과 내만(內彎) 또는 직선의 안쪽 날 부분으로 이루어진 세장한 석기이다(森本晋 1985).

(1) 각 부분의 명칭

〈사진 16〉 석소도 각종

석소도 각 부분의 명칭은 뾰족한 쪽에 날이 부착된 곳을 날 부분, 그 반대쪽을 기부(基部)라 부른다. 날 부분은 내만(內彎)하는 쪽을 안 날, 반대편의 외만(外彎)하는 쪽을 바깥 날이라 한다.

(2) 형태분류

석소도의 전형적인 형태

는 세장한 첨두기(尖頭器)가 한쪽 방
향으로 휘어지며, 길이는 5~7cm로 계
측되는 것이다. 그러나 거의 휘어지지
않은 것도 있으며, 휘어진 것도 기부
(基部)부터 구부러진 것부터 뾰족한
부분 근처에서 급격하게 꺾인 것까지
다양하다.

여기서는 형태를 기준으로 다음의
3류로 구분한다.

    I 류 : 전체적으로 활처럼 휘어진 것
          이다.
    II류 : 뾰족한 부분 근처에서 꺾인 것
          으로, 안 날에 돌기가 없는 것과
          있는 것이 관찰된다.
    III류 : 안 날은 거의 직선적이지만 바
          깥 날이 활처럼 휘어진 것이다.
          안 날에 돌기가 없는 것과 있는
          것이 관찰된다.

(3) 시기적 변천과 지역적 양상

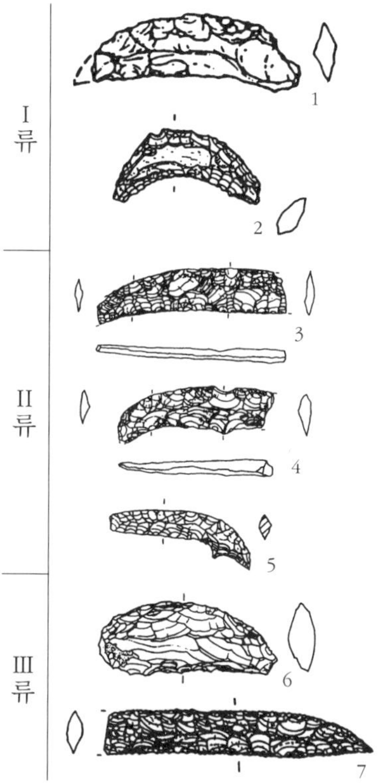

1. 奈良縣 大福, 2 · 7. 愛知縣 朝日,
3 · 4. 大阪府 久宝寺南, 5. 大阪府 恩智,
6. 大阪府 龜井

〈그림 16〉 석소도의 형태분류(S : 1/3)

석소도의 분포는 킨키(近畿)를 중심으로 아이치(愛知)현을 포함한 지
역에 한정되며, 전체 출토량도 150점 정도로 많지 않은 편이다. 출현 시기
는 전기이지만, 더 이른 단계까지 소급되는지는 분명하지 않다.

오사카(大阪) 미소노(美園)유적에서는 길이 4.5cm의 소형 III류가 출토
되는데, 전기까지 소급될 가능성이 있다. 또, 제III~IV양식기(樣式期)[12]의 2

역주 12 킨키에서 야요이 중기 토기를 3분하는 경우, 후엽에 해당하는 것이 제III · IV양식 토
     기이다(井藤曉子 1983).

점은 파편이기 때문에 전체 형태는 뚜렷하지 않지만, 모두 돌기가 관찰된다.

오사카 온지(恩智)유적에서는 중기에 해당하는 것이 2점 출토되고 있다. 형태는 II류와 III류이며, II류의 안 날에는 돌기가 붙어있다. 오사카 큐호지(久寶寺)유적 남쪽 지구에서는 전기~중기의 석소도 2점과 중기 말의 것 1점이 출토되고 있다. 전자는 I류와 II류이며, II류의 안 날에는 돌기가 붙어있다. 후자는 미제품이지만 III류에 속한다. 나라(奈良)현 다이후쿠(大福)유적 출토품 2점은 중기에 속하는 것으로, 각각 I류와 III류에 해당한다.

아이치현 아사히(朝日)유적에서는 7점이 출토되고 있는데, 시기는 중기 후반을 전후한 것으로 생각된다. I류가 4점으로 가장 많고 II류와 III류가 각 1점씩, 그리고 나머지 1점은 파편이기 때문에 명확하지 않다. III류는 기단(基端) 일부가 없어졌지만, 남아있는 부분의 길이가 11cm로 상당히 대형이다.

이상 각 지역의 석소도를 살펴보았지만, 지금까지의 자료를 통해서 각 형태의 시·공간적인 경향성을 파악하기에는 무리가 있다. 한편, 석재에 대해서는 킨키에서는 후타가미야마(二上山)의 사누카이트를 다수 이용하며, 아사히유적에서도 안산암이 많이 사용되고 있다.

(4) 용도

석소도는 날 부분과 기부(基部)로 구분되지만, 그 경계가 뚜렷한 것은 소수에 불과하다. 날 부분의 조정이 약간 정교하거나, 기부의 날카로운 부분을 마모시킨 경우로 인식할 수 있는 정도이다. 일부에서 관찰되는 돌기도 확실히 경계를 나타내는 것이라고는 할 수 없다.

기부가 뚜렷하게 형성된 것은 나라(奈良)현 카라코(唐古)유적(末永雅雄 外 1943)에서 관찰된다. II류에 속하며, 기부가 둥글게 마무리되어 있다. 이와 함께 기부의 날카로운 부분을 일부 마모시킨 것이 확인되기 때문에, 손잡이가 장착되었을 가능성이 높다. 단, 손잡이를 장착하는 경우에도 각 형태에 따라 장착의 방식이 달랐을 것으로 생각된다.

날 부분의 사용흔은 뚜렷하지 않지만, 끝 부분의 양면이나 가장자리가 마모된 것 혹은 끝 부분에 세로 방향의 꺾인 면이 관찰되는 것이 있다. 또, 끝 부분이 없어진 것도 적지 않다는 사실을 종합하여 생각하면, 대상물에 주로 작용한 부위는 끝 부분 내지 이에 가까운 날 부분이라고 할 수 있다.

용도는 찌르기나 절단, 또는 깎기 등으로 추정된다. 그러나 분포가 킨키(近畿)에 있어서도 한쪽으로 치우쳐 있고 각 유적에서의 출토량도 소수에 불과하기 때문에, 일반적인 대상물 또는 작업에 이용된 것이라고 생각하기에는 무리가 있다.

3. 무기

무기로는 석촉, 석검, 석과(石戈), 유각석기(有角石器), 환상석부(環狀石斧), 석창상석기(石槍狀石器), 투탄(投彈) 등이 있다. 이 가운데 석촉이나 석검, 석과는 사람 뼈에 박힌 상태로 출토된 예가 있어, 무기로 이용되었음이 분명하다. 그러나 석촉이나 투탄은 수렵구로도 사용되었으며, 석검·석과·유각석기는 무기형(武器形) 제기(祭器)로도 이용되었음이 추정된다.

1) 석촉(石鏃)

석촉은 화살대에 장착되어 화살로 이용된다. 죠몬시대 초기부터 출현하여 야요이시대가 되어도 계속 제작되었다. 그러나 야요이시대의 석촉은 죠몬시대 석촉이 주로 수렵구였음에 비해 전투용 무기로서의 성격이 더해진 것이 큰 특징이다.

야요이시대에 석촉을 포함한 석제 무기의 증가와 발달을 최초로 지적한 것은 후지모리 에이이치(藤森榮一 1943)이지만, 이것을 구체적으로 살펴본 것은 사하라 마코토(佐原眞 外 1964)이다. 사하라는 고지성(高地性) 취락인 카가와(香川)현 시우데야마(紫雲出山)유적 출토 석촉 등을 검토하여, 중기에 발달하는 석제 무기를 정치적으로 통합된 지역집단이 정복·연합을 통하여 보다 광범위한 정치적 단위가 되어 가는 과정에서 필요하게 된 무력의 일부로 상정하였다.

그 후 사하라의 연구를 바탕으로 마츠기 타케히코(松木武彦 1989)는 지역성을 통한 재검토를 시도하였다. 마츠기는 주로 타제석촉의 지역성에 초점을 맞추어 이것이 반영하는 항쟁(抗爭)의 성격을 살펴보았다. 그 결과 전투용 석촉의 발달이 반드시 키나이(畿內)로부터의 파급에 의한 것만은 아니며, 오히려 몇 개의 지역을 중심으로 한 재지적(在地的) 발전이 관찰된다고 하였다. 이를 근거로 각 지역을 중심으로 한 지역적 항쟁 단계가 존재하며, 이러한 항쟁이 후기 말에 성숙한 모습을 보이면서 지역적인 정치적 통합의 토대를 형성하였다고 이야기하고 있다.

이와 같이 야요이시대의 석촉은 전투용 무기로서 정치적 움직임과 연결되어 논의되어 왔지만, 그 대상이 되는 지역은 큐슈(九州)·중부 세토우치(瀨戶內)·킨키(近畿)·토카이(東海) 등으로 한정되어 있다. 이 밖의 지역에서는 뚜렷한 석촉의 대형화 또는 변화가 확인되지 않는다. 이것을 항쟁이 없었다 혹은 무기로서 이용되지 않았다고 해석할 수 있는가에 대한 문제는 앞으로의 과제라 생각한다. 단, 어떠한 경우라 할지라도 대형화된 지역도

<사진 17> 타제석촉 각종

포함하여 소형 석촉은 이전과 다름없이 수렵에 이용되었음이 분명하다.

(1) 형태분류

석촉은 타제와 마제로 구분되지만, 우선 타제석촉(이하 석촉으로 약칭)의 형태분류를 행하고 마제석촉은 이에 따르기로 한다.

야요이시대 석촉의 형태분류는 대부분 기부(基部) 형태를 기준으로 삼은 사하라(佐原)의 분류를 기초로 하고 있다. 석촉은 시기나 지역에 따라 다양한 형태가 존재하기 때문에, 이것을 평면형태로 분류하면 다소 복잡할 수 있다. 이에 비하여 사하라의 분류는 뚜렷한 구분이 가능하다. 그는 기변(基邊)의 형태가 직선을 이루는 평기무경식(平基無莖式), 오목한 요기무경식(凹基無莖式), 돌출된 철기무경식(凸基無莖式), 그리고 경부(莖部)가 있는 철경유경식(凸莖有莖式)의 4형식으로 분류하였다.

여기서는 사하라의 분류를 발전시킨 마츠기(松木)의 분류에 따라 요기식(凹基式), 평기식(平基式), 철기(凸基) I 식, 철기 II 식, 유경식(有莖式)으로 구분한다. 이 중 철기 I 식은 사하라의 철기무경식 가운데 최대 폭이 기부 가까이에 위치하는 것이며, 철기 II 식은 최대 폭이 뾰족한 끝 부분 쪽으로 치우쳐 위치한 것이다.

한편, 석촉은 화살대에 장착되어 화살로 이용되는데, 기부의 형태에 따라 그 장착방법이 다를 것이다. 구분된 5형식 가운데 요기식 · 평기식 · 철기 I 식은 화살대 끝을 쪼개어 그 사이에 석촉을 끼우며, 철기 II 식은 최대 폭 부근 아래쪽을 화살대에 끼운 것으로 추정된다. 유경식은 경부를 화살대에 끼웠다고 생각된다. 석촉과 화살대의 고정방법은 나무껍질 등을 감았음이 오사카(大阪) 키토라가와(鬼虎川)유적 출토 철기 II 식 장착 예에서 살펴지며, 접착제로

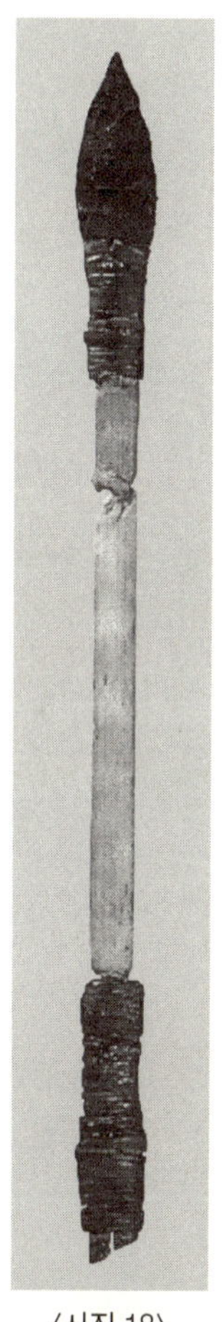

〈사진 18〉
키토라가와(鬼虎
川)유적 출토 화
살대 부착 석촉

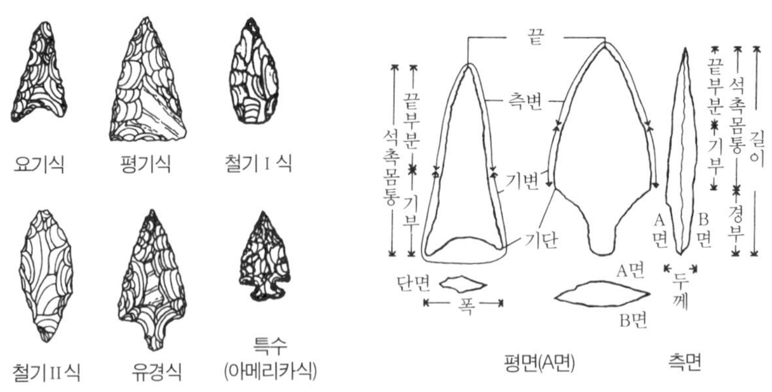

〈그림 17〉 타제석촉의 분류와 각 부분의 명칭

서 천연 아스팔트 등이 이용되었을 가능성도 높다.[13]

(2) 각 부분의 명칭

석촉에 대한 이야기를 진행하기 전에 각 부분의 명칭을 정리해 둔다. 석촉 몸통은 요기(凹基)·평기(平基)·철기(凸基) I 식·철기 II 식의 경우 거의 전체를 가리키지만, 유경식(有莖式)의 경우는 석촉 몸통과 경부(莖部)로 구분된다. 석촉 몸통은 다시 끝에 가까운 끝 부분과 기단(基端)에 가까운 기부(基部)로 나누어진다. 그리고 끝 부분의 가장자리를 측변(側邊), 기부의 가장자리를 기변(基邊)이라 한다.

(3) 시기적 변천과 지역상

| 조기 |

조기에는 후쿠오카(福岡)현 마가리타(曲り田)유적이나 사가(佐賀)현

역주 13 나가노(長野)현 마츠바라(松原)유적 출토 타제석촉 부착물에 대한 적외선분광분석 결과 천연 아스팔트 성분이 확인되어, 야요이시대 중기에 이를 접착제로 사용하는 석촉의 존재가 입증된 바 있다(長野縣敎育委員會 2000).

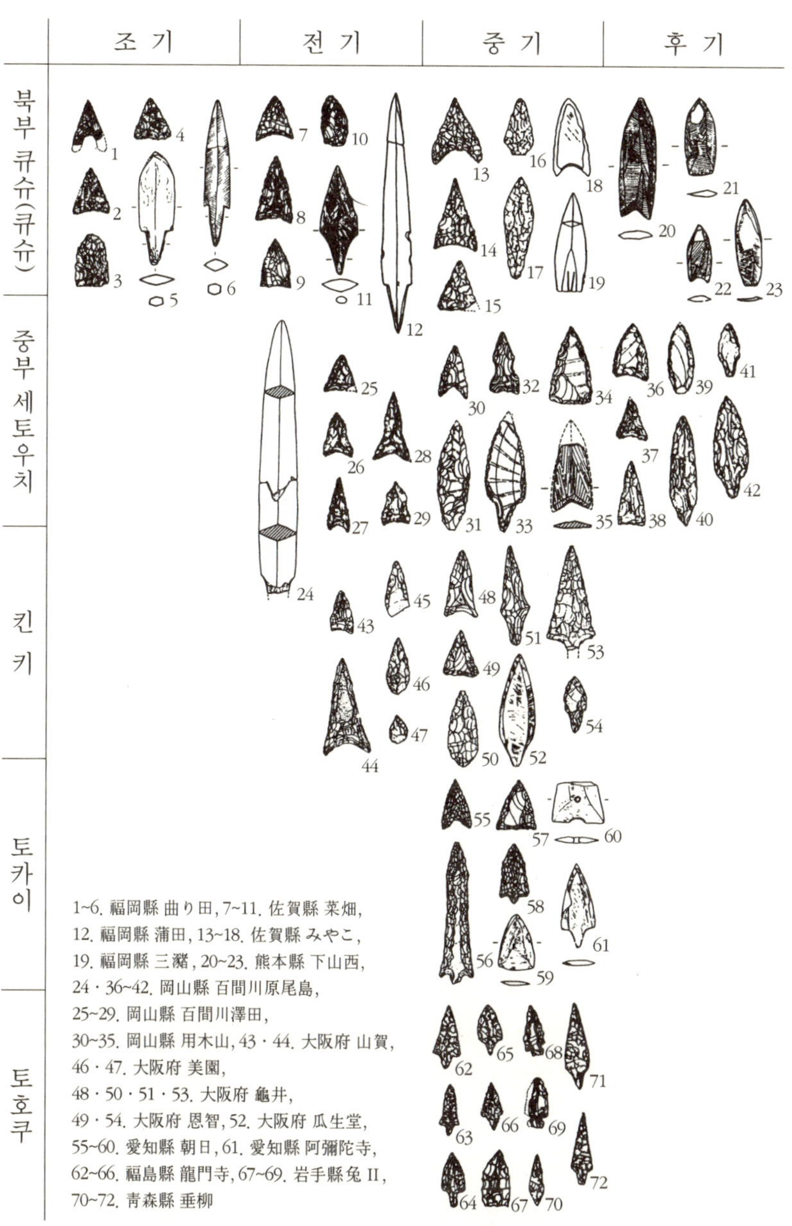

〈그림 18〉 각 지역의 석촉(S : 1/4)

나바타케(菜畑)유적 출토품을 볼 때 요기식(凹基式)이 주체를 점하여, 죠몬시대 만기에 비하여 큰 변화가 없다. 단, 마가리타유적에서는 요기식과 평기식(平基式)이 거의 동일한 정도로 확인되고 있다. 유경식(有莖式)은 존재하지 않지만, 철기(凸基) Ⅰ·Ⅱ식이 소수 확인된다. 크기는 철기Ⅱ식에 3cm를 넘는 것이 있지만, 압도적 다수는 2~3cm에 집중된다. 무게도 소수의 예외를 제외하면 3g 이하이며, 특히 요기식은 1g 내외가 많다. 석재는 다수가 흑요석이며, 사누카이트, 처트 등도 이용되고 있다.

| 전기 |

큐슈(九州)에서는 조기와 마찬가지로 요기식이 주체를 점하고 있다. 이러한 경향은 중부 세토우치(瀨戶內)~킨키(近畿)에서도 거의 동일하다. 중부 세토우치의 오카야마(岡山)현 햣켄가와(百間川)유적군에서는 70% 정도를 요기식이 차지하고 있으며, 나머지는 평기식이 20% 정도, 그밖에 철기Ⅰ·Ⅱ식과 유경식이 소수 확인된다.

석재는 큐슈에서 흑요석, 중부 세토우치~킨키에서는 사누카이트가 주로 이용되고 있다. 동일본에서는 아직 분명하지 않지만, 죠몬시대 만기부터 계속된 유경식이 다수 확인된다. 아오모리(靑森)현 스나자와(砂澤)유적에서는 철기Ⅱ식과 유경식이 확인된다.

| 중기 |

큐슈에서는 전기와 같이 요기식이 주체를 점하며, 이에 평기식, 철기Ⅰ·Ⅱ식이 더해진다. 또, 중기 후반에는 소수에 불과하지만 유경식도 출현한다. 중부 세토우치에서는 중기 전반~중엽에 걸쳐 평기식이 요기식의 출토량을 넘게 되며, 이에 철기Ⅰ·Ⅱ식이 더해진다. 후반이 되면 철기Ⅰ·Ⅱ식이 차지하는 비율이 높아짐과 함께 유경식이 일정량 관찰된다.

이에 반하여 킨키의 경우 전반은 거의 중부 세토우치와 동일한 양상이지만, 중엽부터 철기Ⅱ식과 유경식의 비율이 높아져 후반에는 주체를 점한다. 동일본에서는 전체적으로 전기와 동일하게 유경식이 주체를 점한다. 아이치(愛知)현 아사히(朝日)유적에서는 유경식이 약 73%를 차지하며, 철기Ⅰ·Ⅱ식이 약 13%, 요기식이 약 11%, 평기식이 약 4%이다. 석재는 처트 와 유리질석영안산암이 이용되고 있다.

동일본에서 중기 전반에는 유경식을 주체로 하여 요기, 평기, 철기Ⅰ· Ⅱ식의 각 형식이 확인되지만, 후반에는 거의 유경식만으로 한정된다. 한 편, 이 지역에 특징적인 아메리카식 석촉은 중엽 이후 확인된다. 석재는 혈 암이 다수 이용되고 있지만, 후쿠시마(福島)현 류몬지(龍門寺)유적에서는 대부분이 유문암이다.

| 후기 |

후기가 되면 전국적으로 빠르게 소멸되지만, 지역에 따라서는 후기 전 반까지 상당수 잔존하게 된다. 일부 지역에서는 후기 후반까지도 확인된다.

⑷ 석촉의 대형화

각각의 형식으로 분류된 석촉의 길이와 무게를 살펴보면, 거의 변화가 없는 지역과 뚜렷하게 대형화하는 시기가 확인되는 지역이 있다.

먼저, 큐슈(九州)에서는 전기에 길이 3cm를 넘는 것이 일부 존재하고 있지만, 대다수는 2~3cm 이내에 집중된다. 또, 무게도 1g 전후가 많고, 2g 을 넘는 것은 소수에 불과하다. 그러나 중기가 되어 일정량을 점하게 된 철 기(凸基)Ⅱ식은 대부분이 길이 3cm를 넘고 5cm에 달하는 것도 있다. 무게 도 요기식(凹基式)이 1g 전후에 집중하는 것과 비교하면 3g을 넘는 것이 존 재하는 등 확실하게 대형화의 경향이 확인된다.

다음으로 중부 세토우치(瀬戸內)를 보면 전기에는 길이 2~3cm, 무게 1g 전후가 압도적 다수이지만, 중기 중엽이 되면 각 형식 모두에서 길이 3cm를 넘는 것이 보이게 된다. 그리고 후반에는 철기Ⅱ식이 출현하는데, 대부분이 길이 3cm를 넘는 것이다. 무게도 중엽까지는 2g 이내의 것이 압 도적이지만, 3g을 넘는 것이 많아지는 등의 큰 변화가 확인된다.

킨키(近畿)는 중부 세토우치보다 더욱 뚜렷한 변화가 보인다. 전기~중 기 전반에는 길이 2~3cm 정도이며, 무게는 대다수가 2g 이하로 요기식은

1g 전후에 집중된다. 중엽부터 대형화가 진행되어, 후반에는 철기 II 식과 유경식(有莖式), 특히 주체를 점하는 유경식이 뚜렷하게 대형화된다. 오사카(大阪) 이케가미(池上)유적의 석촉을 보면 유경식의 평균 길이가 3.9cm, 그리고 평균 무게는 3.5g인 것에 반하여, 철기 II 식은 3.4cm와 2.1g, 철기 I 식은 3.2cm와 2.6g, 평기식(平基式)은 2.8cm와 2.1g, 요기식은 2.6cm와 1.6g으로 계측되어 차이가 분명하다.

토카이(東海), 특히 이세(伊勢)만 연안에서도 중기 후반에는 대형의 석촉이 확인된다. 이들의 출현 과정은 전기~중기 중엽의 자료가 부족하기 때문에 명확하게 밝힐 수 없지만, 주체를 점하는 유경식 가운데 특히 대형화되는 집합이 확인되고 있다. 이것은 기부(基部)의 폭이 좁고 세장한 형태로, 측변(側邊)이 내만(內彎)하는 경향을 가진 오각형 석촉이다. 길이는 3cm 이상으로 4~5cm가 많고, 무게는 3g 이상이 많다.

토호쿠(東北)에서는 유경식이 주체이지만, 특별하게 대형화된 것은 없다. 후쿠시마(福島)현 류몬지(龍門寺)유적 출토품은 모두 유경식으로, 길이는 2~3cm에 집중하며 무게도 1g 전후가 압도적이다. 한편, 아오모리(青森)현 타레야나기(垂柳)유적의 유경식은 길이가 2.6~4.6cm로 약간 긴 편이지만, 무게는 0.3~1.8g으로 가볍다.

이상과 같이 큐슈, 중부 세토우치, 킨키, 이세만 연안 등의 각 지역에서 중기 후반에는 석촉의 대형화가 확인된다.

그런데 대형화된 석촉, 즉 무거운 화살은 날아가는 거리가 가벼운 화살에 이르지 못하지만, 살상력(殺傷力)은 훨씬 뛰어나다. 게다가 유경식과 철기 II 식이라는 깊게 박히기에 유리한 형태가 대량으로 만들어지고 있다. 다른 석제 무기의 증가와 함께 중기 후반 고지성(高地性) 취락의 성립을 시작으로 한 야요이시대의 움직임 등을 종합적으로 생각해 볼 때, 이러한 석촉의 변화는 지역 간 항쟁(抗爭)에 이용하기 위한 무기로의 변형(佐原眞 1975a)이라 할 수 있다.

⑸ **제작기법과 소지역성(小地域性)**

석촉의 제작기법에 대해서는 미제품 및 완성품에 남아있는 주요 박리면의 흔적이나 조정박리 흔적을 통하여 최종 단계에 가까운 양상을 살필 수 있다. 그러나 석핵에서 소재박편을 얻는 단계를 포함한 일련의 제작기법에 대해서 아직 명확하지 않은 점이 많다. 이는 구석기시대와 같이 일정한 규격의 박편을 대량 생산하는 박편박리기법이 확인되지 않기 때문이지만, 그렇다 하더라도 적당하게 박리된 박편 가운데 선택하지는 않았을 것이다. 석재의 외견(外見), 타격의 위치와 각도, 목적으로 하는 박편에 부합하는 석핵의 면구성(面構成) 등을 고려하여 각각의 목적에 적합한 박편을 생산하였던 것으로 추정된다.

이러한 의미에서 효고(兵庫)현 나카리요(奈カリ與)유적이나 오사카(大阪) 카메이(龜井)유적의 석핵 및 박편의 분석은 중요한 자료이다. 단, 야요이시대의 박편이 일정한 규격을 보이지 않는 것은 그만큼 다듬는 정도가 커진다는 것을 의미하기 때문에, 세밀하게 분류된 박편군이 어떤 기종과 결합하는가는 분명하게 알 수 없다. 그러나 가능성을 높이는 작업이 될 것이다.

석촉의 제작은 먼저 석핵에서 박리된 박편을 목적하는 형태로 성형하는 것에서 시작한다. 그리고 가장자리로부터 조정을 행하는데, 조정이 전면에 이르는 것과 주변만 행하여 주요 박리면을 크게 남긴 것 등이 있다. 이러한 세부조정은 지역이나 시기에 따라 차이가 확인되는 경우가 있다. 예를 들어 마츠기(松木)는 유경식(有莖式)의 경우 경부(莖部) 제작에 3종류가 존재하며, 이것이 지역에 따라 구분됨을 지적하고 있다.

이와 같은 제작기법의 차이와 함께 각 형식별 비율 차이 등을 바탕으로 소지역성(小地域性)을 이끌어낼 수 있어, 앞으로 이러한 방향으로의 연구도 기대된다.

2) 마제석촉(磨製石鏃)

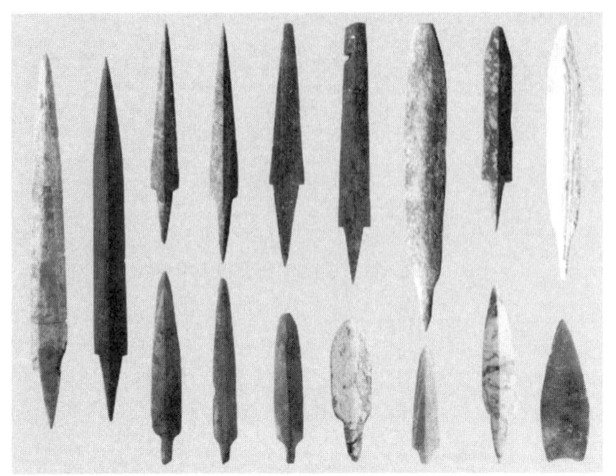

〈사진 19〉 마제석촉 각종

마제석촉은 한반도에서 논농사와 함께 일본열도에 반입된 것이다. 후쿠오카(福岡)현 마가리타(曲り田)유적 제2호 옹관 출토 예 등을 볼 때 무기로 이용되었음은 분명하지만,[14] 무덤에 부장된 예도 많다.

(1) 시기적 변천

| 조기 · 전기 |

논농사와 함께 반입된 것은 한반도 무문토기문화에서 특징적인 몸통이 긴 유경식(有莖式)이다. 처음에는 사가(佐賀)현 나바타케(菜畑)유적 12~9층 출토 예와 같이 길이 12~18cm로 길고 측변(側邊)은 직선적, 등날은 경부(莖部) 끝까지 일직선으로 이어지며, 두께 0.7~1cm, 몸통 단면은 마름모꼴이 되는 등 반입된 제품을 충실하게 모방하고 있다.

그러나 전기가 되면 길이 10cm 이하인 것이 많아지게 되며, 양 측변의 중간이 부풀고 등날도 날카로움이 사라지면서 경부까지 이어지지 않고 있다. 또, 몸통 단면은 주판알 모양이 되는 등 조잡해지기 시작한다.

전기의 유경식은 북부 큐슈(九州)에 집중되지만, 야마구치(山口)현 아야라기(綾羅木)유적, 시마네(島根)현 니시카와츠(西川津)유적 · 타테쵸(タ

역주 14 마가리타유적 제2호 옹관에서는 성인 남성의 넓적다리뼈와 함께 마제석촉의 끝 부분이 부러진 상태로 출토되었다(福岡縣敎育委員會 1983).

テチョウ)유적에서 쿄토(京都) 아오노(靑野)유적까지 존재하고 있다. 또, 시코쿠(四國)에서는 코치(高知)현 타무라(田村)유적, 에히메(愛媛)현 마치야(町谷)유적, 중부 세토우치(瀨戸內)의 오카야마(岡山)현 햣켄가와(百間川) 하라오지마(原尾島)유적에서도 발견되고 있다.

| 중기 |

전기 말~중기가 되면 북부 큐슈에서 이등변삼각형의 평기식(平基式)과 요기식(凹基式)이 출현한다. 모두 길이 3~6cm, 무게 2~3g이며, 몸통의 단면은 편평하다. 타제석촉의 모방으로도 생각되지만, 시모죠 노부유키(下條信行)는 한반도 문화의 제2차 문화전파인 청동제 도구의 전래에 수반한 것으로 보고 있다.

중기 후반이 되면 큐슈에서 킨키(近畿), 그리고 일본열도 동부까지 넓게 확인되고 있지만, 야마구치현을 제외한 츄고쿠(中國)·시코쿠에서는 매우 적은 편이다. 큐슈에서는 중기 전반에 이어서 요기식과 평기식이 관찰된다. 킨키에서는 유경식이 주로 출토되지만, 평기식도 존재한다. 후쿠이(福井)현 요시카와(吉河)유적에서는 유경식과 함께 평기식, 철기(凸基) I · II식이 확인된다.

토카이(東海)에서는 요기식, 평기식, 철기 I · II식, 유경식이 확인된다. 이 가운데에는 토카이~츄부(中部), 칸토(關東)에 걸쳐 특징적으로 분포하는 경부에 구멍이 뚫린 것이 포함된다. 구멍이 뚫린 석촉은 유경식으로 길이 4cm 정도에 이르는 것도 확인되지만, 대부분은 2~3cm 정도이다. 한편, 킨키~토카이에서 관찰되는 석촉 중에서는 확실히 동촉(銅鏃)을 모방하였다고 생각되는 것이 있다.

| 후기 |

후기가 되면 타제석촉과 마찬가지로 빠르게 소멸되지만, 큐슈 중남부 산악지역에서는 여전히 활발하게 제작되고 있다. 대다수는 요기식이며 평기식이 추가되는데, 유경식도 소수 존재한다. 길이는 2~5cm이지만, 5cm를 넘는 것도 적지 않게 확인된다.

⑵ **제작공정**

마제석촉의 제작공정은 후기에 해당하는 오이타(大分)현 니혼기(二本木)유적, 마츠기(松木)유적, 나타세바루(夏足原)유적 출토 예 등을 통하여 볼 때 다음과 같다.

먼저, 원석을 거칠게 쪼개고 그것을 다시 작게 분할하여 박편을 얻는다. 그리고 작게 분할된 박편을 타격에 의하여 성형한 후 세부조정을 행한다. 마지막으로 마연을 하고 날을 세워 완성한다. 석재는 결정편암이나 운모편암, 점판암 등이 이용되고 있다.

3) 석창상석기(石槍狀石器)

석창상석기란 이전에 '석창(石槍)'이라 부르던 접근전용(接近戰用) 무기이다. 최초의 발견은 1889년『인류학잡지(人類學雜誌)』에 게재된 오사카(大阪) 코우(國府)유적 출토품에 이르며(山崎直方 1889), 1932년에는 야와

〈사진 20〉 석창상석기 각종

타 이치로(八幡一郎 1932)에 의하여 전국적인 정리가 이루어졌다. 야와타
는 5~6cm를 경계로 석촉과 구별한 후 여러 종류의 형태로 분류함과 동시에
그 분포에 대해서도 고찰하고 있다.

1943년의 『야마토(大和) 카라코(唐古) 야요이식 유적의 연구』에서는
'예리한 뾰족 끝과 양 측변(側邊)을 가진 세장한 형태의 찌르기 용 타제석
기로, 사누카이트의 양면 모두를 정밀하게 타격하여 단면 마름모꼴을 이루
는 것이 일반적이다'라고 석창을 정의하였으며, 12~15cm를 넘는 대형과
6~9cm의 소형으로 분류하였다(末永雅雄 外 1943).

그런데 효고(兵庫)현 카모(加茂)유적, 나라(奈良)현 카라코(唐古)유적,
나라현 미야타키(宮瀧)유적의 보고를 통하여 무기로서 석창의 의의는 강조
되어 왔지만, 그 용도는 붙여진 명칭에 의하여 처음부터 '창'으로 다루어졌
다. 그러나 최근에 많은 자료가 축적됨에 따라 창 이외에 단검(短劍)이나
과(戈)[15]의 용도를 가진 것도 포함되어 있음이 밝혀지게 되었다.

이를 근거로 용도를 규정하는 '석창'이라는 명칭을 버리고, '타제 대형
첨두기(尖頭器)', '키나이(畿內)식 첨두기' 또는 '첨두기'라 부르는 연구자
도 나타났다.

이 책에서는 '석창'이라 불릴 수 있는 석기에 단검이나 창, 과 등의 포
함이 분명한 사실이라 할지라도, 석기만의 속성을 통하여 각각의 기능을 밝
히는 것은 불가능하기 때문에 임시로 '석창상석기'라 부르고자 한다. 한편,
석기와 함께 손잡이나 나무껍질이 남아있어 용도가 분명한 것은 타제단검
(打製短劍)·타제창(打製槍)·타제석과(打製石戈)로 부른다.

(1) 형태분류

기존에 '석창'으로 불리던 전형적인 것은 측변(側邊)이 평행하고 거의

역주 15 창(槍)은 석기의 장축 방향과 손잡이의 방향이 일치하도록 장착되는데 반하여, 과
(戈)는 석기와 손잡이의 방향이 직각을 이룬다. 따라서 창은 찌르는 용도가 상정되
는 반면, 과는 주로 베는 데에 이용된 것으로 생각된다.

삼각형에 가까운 끝 부분을 가진 형태이며, 길이도 10cm 이상이다. 그러나 이 가운데 소형에 나뭇잎 모양 또는 긴 삼각형의 것도 있어, 이 경우는 대형 석촉과의 구별이 필요하게 된다. 대형 석촉의 경우 대략 길이가 5~6cm 이하에 집중되기 때문에, 5~6cm 이상의 것을 대상으로 한다.

분류는 먼저 네기타 요시오(禰宜田佳男 1986)의 안을 소개한다. 네기타는 우선 폭과 길이의 관계를 통하여 다음의 3류로 구분하였다. Ⅰ류 : 폭 2.5~5cm, 길이 12cm 미만의 것, Ⅱ류 : 폭 2.5~5cm, 길이 12cm 이상의 것, Ⅲ류 : 폭 5cm 이상의 것. 그리고 이들을 평면형태에 따라 3류로 세분하였다. 이는 1류=양 측변이 평행한 것, 2류=측변의 한 곳에 최대 폭이 위치하며, 뾰족한 끝 부분과 기부(基部) 쪽으로 갈수록 폭이 줄어드는 것, 3류=양 측변이 내만(內彎)하는 것이다.

또, 단면의 폭과 두께의 관계를 통하여 폭과 두께의 비가 2 : 1보다 작아 얇은 a류와, 폭과 두께의 비가 2 : 1보다 커 두꺼운 b류로 구분하였다.

이상 폭과 길이, 평면형태, 단면의 폭과 두께에 의한 분류를 조합한 결과 9가지 형태가 확인된다. 그러나 동일한 형태로 분류된 석창이 반드시 같은 기능을 가진 것은 아니며, 또한 특별히 정해진 하나의 기종에 해당되는 것도 아니다.

따라서 여기서는 길이에 주목하여 그 통계적 처리를 바탕으로 12cm 이상의 대형, 8~12cm의 중형, 그리고 8cm 이하의 소형으로 구분하였다. 이것을 편의상 1류, 2류, 3류로 하여 각각의 용도와 시기적 변천, 지역적 양상을 살펴보고자 한다.

⑵ 용도

용도 추정은 석기의 여러 가지 속성을 종합적으로 검토함에 의하여 어느 정도 접근하는 것이 가능하지만, 손잡이 등이 장착된 상태로 발견되는 경우가 있다면 보다 확실해질 것이다.

1류에 해당하는 자료로 오사카(大阪) 온지(恩智)유적이나 키토라가와(鬼虎川)유적에서 출토된 것은 나무껍질이 감겨 있어 확실히 단검(短劍)이라 생각된다. 온지유적 출토품은 길이 16.3cm로, 삼각형의 끝 부분과 내만 (內彎)하는 경향의 기부(基部)로 이루어져 있다. 기부 양 측변(側邊)의 날을 무뎌지게 하고, 그 중앙부에 나무껍질이 남아있다.

동일한 평면형을 이루는 것이 오카야마(岡山)현 요기야마(用木山)유적 에서도 확인되는데, 기부 양 측변의 날을 무디게 한 것이 관찰된다. 이밖에 기부의 양 측변이 평행하는 것이나, 측변의 한 곳에 최대 폭이 위치하며 뾰 족한 끝 부분과 기부 쪽으로 갈수록 폭이 줄어드는 것이 있다. 이들의 다수 는 기부에서 8~10cm 정도 양 측변의 날을 무디게 하고 있다. 온지유적 등 의 예를 볼 때 단검으로 추정되지만, 나무껍질이나 손잡이가 함께 출토되지 않는 경우 단검과 창의 구별은 어렵다.

2류에 속하는 것 가운데 용도가 판명된 것은 나라(奈良)현 카라코카기 (唐古鍵)유적 출토 예이다. 중앙에서 경부(莖部) 쪽으로 약간 치우친 곳에 최대 폭이 위치하며, 뾰족한 끝 부분과 기부 끝으로 갈수록 폭이 줄어드는 평면형을 이룬다. 그 최대 폭 근처에 나무껍질을 감아, 그대로 칼집에 끼우 고 있다.

2류의 평면형태를 보면 카라코카기유적의 형태 이외에 양 측변이 평행 한 것, 뾰족한 끝 부분에서 단을 이루면서 폭을 줄인 것 등이 있다. 모두 기 부 끝에서 5cm 정도 날을 무디게 한 점이 주목된다. 용도는 카라코카기유 적의 예를 통하여 단검으로 추정되지만, 단을 이루면서 폭을 줄인 것 가운 데 일부는 창의 가능성이 있다.

3류는 전형적인 석창과는 약간 다른 양상을 보인다. 평면형태는 긴 삼 각형이나 나뭇잎 모양을 이루며, 길이에 비해서 폭이 넓다. 오카야마현 시 로(城)유적 출토품처럼 경부의 날을 무디게 한 예도 있지만, 뚜렷하게 날을 무디게 한 흔적이 확인되지 않는 경우가 많다. 용도는 창일 가능성이 높다.

이밖에 파편이기 때문에 전체의 형태는 명확하지 않지만, 오사카 키토 라가와유적에서 폭이 약 5.2cm로 넓고 측변의 날을 무디게 하지 않은 것이 출토되고 있다. 이것은 길이 66.5cm의 목제 손잡이에 거의 수직으로 장착되어 있기 때문에, 과(戈)로 사용되었다고 생각된다. 한편, 카라코카기유적이나 오사카 죠야마(城山)유적 출토 예에서 확인된, 기부 한쪽 측변의 결입부(扶入部)는 손잡이를 단단하게 묶기 위한 고안으로 생각되기 때문에 창의 가능성이 높다.

(3) 시기적 변천과 지역적 양상

석창상석기의 분포는 킨키(近畿), 그 중에서도 셋츠(攝津) · 카와치(河內) · 이즈미(和泉) · 야마토(大和)를 중심으로 하며, 중부 세토우치(瀬戶內)에서도 다수 관찰된다. 그리고 서쪽 끝은 톳토리(鳥取)현 중부~히로시마(廣島)현 동부에 걸쳐 있지만, 북부 큐슈(九州)에서도 3류가 소수 확인되고 있다. 동쪽 끝은 아이치(愛知)현까지, 호쿠리쿠(北陸)에서는 소수에 불과하지만 이시카와(石川)현~니가타(新潟)현까지 이르고 있다.

킨키에서는 전기부터 1류가 오사카(大阪) 야마가(山賀)유적, 2류는 오사카 미소노(美園)유적이나 나라(奈良)현 카라코카기(唐古鍵)유적, 3류는 미소노유적 등에서 확인되고 있다. 중기, 특히 그 후반에 증가하며 후기에는 소멸한다. 1 · 2 · 3류 모두 시간의 경과에 따른 형태적 변화가 거의 없는 상태이며, 출토량은 3류가 가장 적다.

킨키 석창상석기의 특징은 측변(側邊)을 시작으로 전면에 걸쳐 조정을 행하기 때문에, 대박리면(大剝離面)이 남지 않고 단면 마름모꼴 내지 주판알 모양이 되는 것이라 할 수 있다. 석재는 모두 사누카이트가 이용된다.

중부 세토우치(瀬戶內)에서는 전기의 자료가 없고, 또 중기 전반에도 완전한 형태로 확인된 것이 존재하지 않기 때문에 자세한 양상을 알 수 없다. 중기 후반에는 1 · 2 · 3류 모두 확인되지만, 1 · 2류가 주체를 점하며 3류는 소수에 불과하다. 중기 후반에는 출토량이 많아지며, 후기 전반 이후 소멸한다. 중부 세토우치의 특징은 양면 모두 측변만을 계단상 박리에 의하여 조정하고 있기 때문에, 가로로 대박리면을 크게 남기며 단면은 편평한 육각형이 되는 것이다. 석재는 모두 사누카이트가 이용되고 있다.

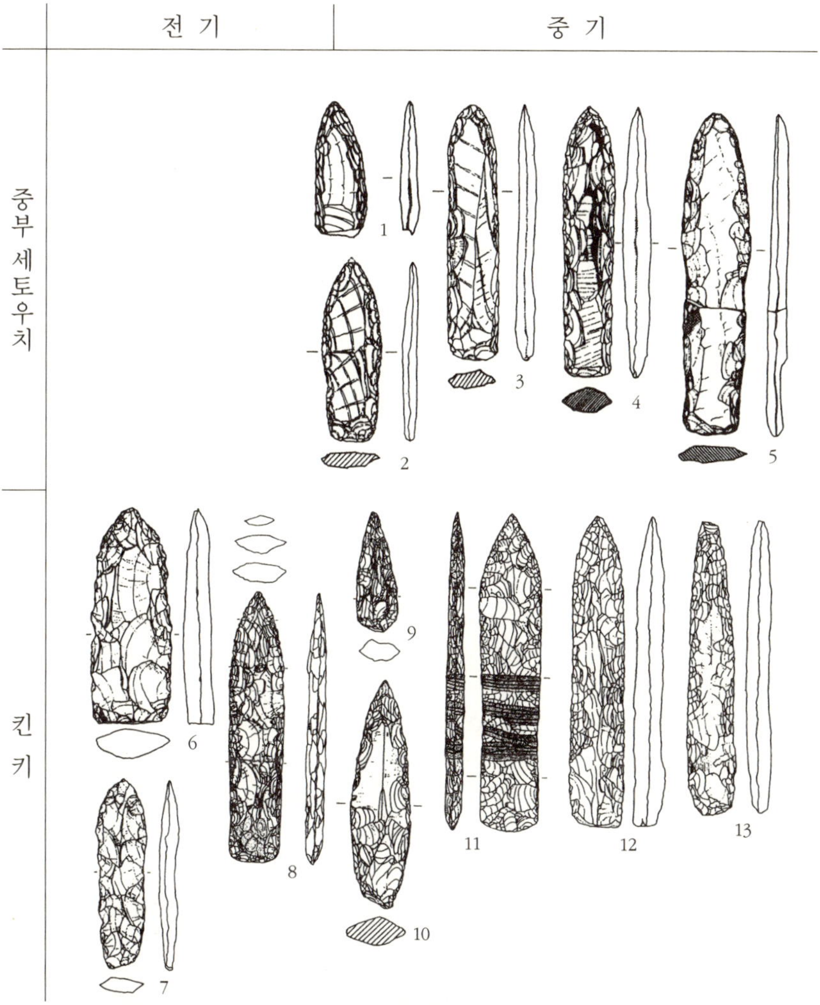

1. 岡山縣 城, 2·3. 岡山縣 用木山, 4. 岡山縣 四辻峠, 5. 岡山縣 百間川兼基, 6·7. 大阪府 美園,
8. 大阪府 山賀, 9. 大阪府 久宝寺南, 10·11. 大阪府 恩智, 12·13. 大阪府 龜井

〈그림 19〉 석창상석기(S : 1/4)

⑷ 제작공정

오사카(大阪) 미소노(美園)유적에서는 전기의 늦은 단계에 석핵, 박편,

파편, 미제품, 망치돌, 받침돌 등 석기제작이 행하여졌음을 보여주는 유물이 다수 출토되었다. 제작공정을 살펴보면, 4개의 공정이 확인된다.

제1공정에서는 사누카이트의 각진 자갈에서 박리된 박편을 소재로 하여, 측면부터 한쪽 면을 중심으로 거칠고 얇게 박리를 행한다. 다음 제2공정에서는 제1공정의 조정박리가 반복된 곳을 타격하여 반대 면의 조정박리를 행한다. 이 작업에 의해서 각이 없어지게 되어 단면은 마름모꼴에 가깝게 된다. 이 공정은 주로 폭을 줄이는 것이다. 제3공정에서는 석기 전체에 조정가공을 행하며, 뾰족한 끝 부분도 만들어진다. 또, 세부조정도 진행되어 대박리면(大剝離面)은 대부분 제거된다. 제4공정은 최종적인 마무리로, 미세한 조정을 행하여 완성한다.

4) 환상석부(環狀石斧)

환상석부는 원반형을 이루면서 중앙에 원형 구멍이 뚫려있고 가장자리

〈사진 21〉 환상석부 각종

에 날이 형성된 마제석기이다. 죠몬시대부터 확인되지만, 한반도의 무문토기문화에서 관찰되기 때문에 야요이시대의 것은 농경문화의 제2차 파급 시에 전래되었을 가능성이 제기된 바 있다(中間硏志 1985a).

환상석부의 연구는 야와타 이치로(八幡一郎)가 최초로 시작한 이후, 오사카(大阪) 이케가미(池上)유적의 보고나 야마구치 죠지(山口讓治 1976)에 의한 집성 등 일정한 성과가 축적되고 있다. 최근에는 야요이시대의 환상석부까지 언급한 쿠사카베 요시키(日下部善己 1983)의 논고, 현재의 연구 현황을 기준으로 한 이토 토루(井藤徹 1986)의 개괄적 연구가 있다.

(1) 형태와 분포

환상석부는 크기의 차이가 존재하지만, 시기나 지역에 따른 변화가 거의 없다. 보통 직경은 10~15cm 전후, 두께 1~3cm 전후, 중심의 원형 구멍은 2~4cm 전후이다.

분포를 보면 큐슈(九州)에서 토호쿠(東北)까지 확인되지만, 자료가 소수에 불과하여 현재 상태에서 지역별 출토량의 차이를 언급하기에는 무리가 있다.

(2) 손잡이의 장착과 용도

손잡이의 장착방법에 대해서는 이것을 직접 보여주는 상태의 출토 예가 없기 때문에, 석기에 남은 사용흔 등을 통하여 추정할 수밖에 없다. 오래 전부터 언급된 사실이지만, 중앙의 원형 구멍에 손잡이를 장착하였음은 사하라 마코토(佐原眞)가 카가와(香川)현 시우데야마(紫雲出山)유적에서 지적한 바와 같이 원형 구멍 안쪽 돌출된 부분의 광택과 이것에 직교하는 마찰흔을 볼 때 거의 확실한 것 같다. 단지 원형 구멍의 단면을 보면 양쪽 면에서 구멍을 뚫는 경우 중앙이 돌출되어, 손잡이를 견고하게 장착하기에는 적합하지 않은 구조가 되고 있다. 민속예에서는 길이 70~120cm의 막대기를 손잡이로 이용하며, 막대기 끝에서 10cm 정도의 위치에 환상석부를 고정한 사례가 알려져 있다.

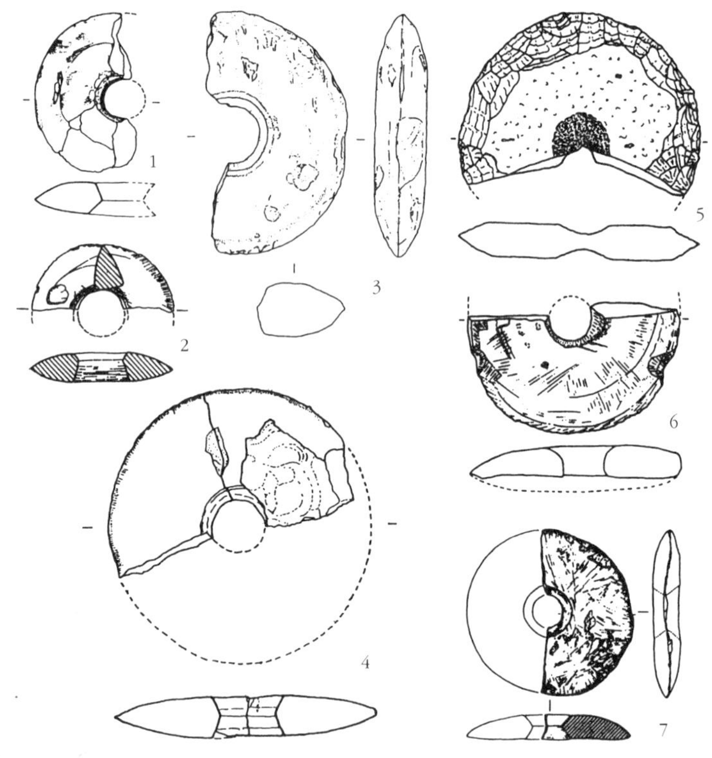

1. 福岡縣 高津尾, 2. 岡山縣 用木山, 3. 高知縣 田村, 4. 大阪府 池上, 5·6. 島根縣 西川津, 7. 福島縣 龍門寺

〈그림 20〉 환상석부(S : 1/4)

용도에 대해서는 전투용의 무기, 또는 석부 내지 땅을 파는 도구 등의
여러 견해가 있지만, 현재 상태에서 그 기능을 하나로 한정하기에는 어려움
이 있다.

⑶ 제작공정

제작공정은 오사카(大阪) 이케가미(池上)유적 출토의 미제품과 구멍
뚫는 도구의 관찰을 통하여 다음과 같이 복원된다.

공정 1에서는 우선 하천의 원석을 타격하여 표면은 둥글고 박리면은 평탄한, 두께 4~5cm의 큰 박편을 얻는다. 다음 공정 2에서는 박편의 가장자리로부터 타격을 행하여 원형으로 다듬는다. 공정 3에서는 곡면을 이루는 자연 면에 고타(敲打)를 행하여 두께를 줄임과 동시에, 중심부를 평탄하게 하여 완성품의 두께와 가깝게 한다. 공정 4에서는 중심부를 양면에서 고타하여 홈을 만든 후 구멍을 관통시킨다. 그리고 공정 5에서 표면 전체에 마연을 행하고, 마지막 공정 6에서는 구멍 부분의 요철을 없애기 위하여 구멍 뚫는 도구로 양면에서 마연하여 완성한다.

그러나 공정 5와 6에 대해서는 선후관계가 확실하게 밝혀진 것이 아니기 때문에, 기본적인 제작공정은 ① 재료의 선택과 채집, ② 거칠게 쪼개어 성형, ③ 다듬기, ④ 구멍 뚫기, ⑤ 마연을 행하여 완성하였던 것으로 생각된다.

한편, 석재는 비교적 단단한 것이 다수 이용되었지만, 특별하게 한정되지 않고 지역에 따라 다양한 편이다. 참고로 이케가미유적에서는 녹색암류나 녹색편암이 이용되고 있다.

5) 마제석검 (磨製石劍)

마제석검은 같은 종류의 금속기를 돌로 모방한 것이며, 중국 동북부·연해주 일부로부터 한반도, 일본에서 관찰된다.

마제석검의 연구는 일찍부터 나카야마 헤이지로(中山平次郎 1917)나 우메하라 스에지(梅原末治 1922b; 1924), 그리고 타카하시 켄지(高橋健自 1923) 등에 의하여 분류와 집성이 이루어지고 있다. 1959년에는 아리미츠 쿄이치(有光敎一 1959)가 한반도 출토의 마제석검을 검토하여 유경식(有莖式 - A), 유병식(有柄式 - B), 무병무경식(無柄無莖式 - C), 유엽식(柳葉式 - D), 철검형(鐵劍形 - E)으로 크게 구분하였으며, A·B는 다시 피홈의 존재 여부에 따라 유통(有樋 - a)과 무통(無樋 - b)으로, B는 이단병식(二段柄式 - BⅠ)과 일단병식(一段柄式 - BⅡ)으로 세분하였다.

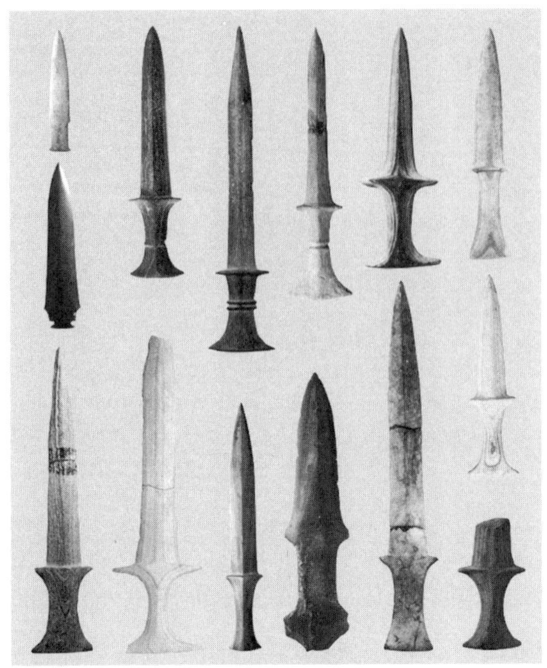

〈사진 22〉 마제석검 각종

최근에는 대륙계 마제석기군의 하나로서 그 생성과 전개를 검토한 시모죠 노부유키(下條信行 1977)의 논고나 나가누마 타카시(長沼孝 1986)에 의한 개괄적인 연구가 있다.

(1) 분류

마제석검은 일반적으로 유통식(有樋式 - 銅劍形), 유병식(有柄式), 철검형(鐵劍形)으로 구분되며, 여기에 변형 철검형(有孔石劍)이 추가된다.

유통식은 석검 몸통에 2줄의 피홈, 짧은 경부(莖部), 몸통의 잘록한 부분, 기부(基部)에 있는 한 쌍의 작은 구멍 등이 특징이다. 세형동검(細形銅劍)을 가장 충실하게 모방한 것이다.

유병식은 손잡이를 장착한 상태의 검을 모방한 것으로, 손잡이의 형태에 따라 이단병(二段柄)과 일단병(一段柄), 또는 유단병(有段柄)과 무단병(無段柄)으로 나누어진다(有光敎一 1959; 武末純一 1982). 형태적으로 한반도 출토품과 동일하며, 모두 피홈이 없다.

철검형은 단면 마름모꼴에 뚜렷한 경부를 가지며, 철검과 가장 비슷한 것을 전형적인 형태로 한다.[16]

변형 철검형은 둥글게 처리된 경부에 하나의 구멍을 가진 것이 특징이며, 철검형의 퇴화형으로 모리모토 로쿠지(森本六爾 1930)에 의하여 이러

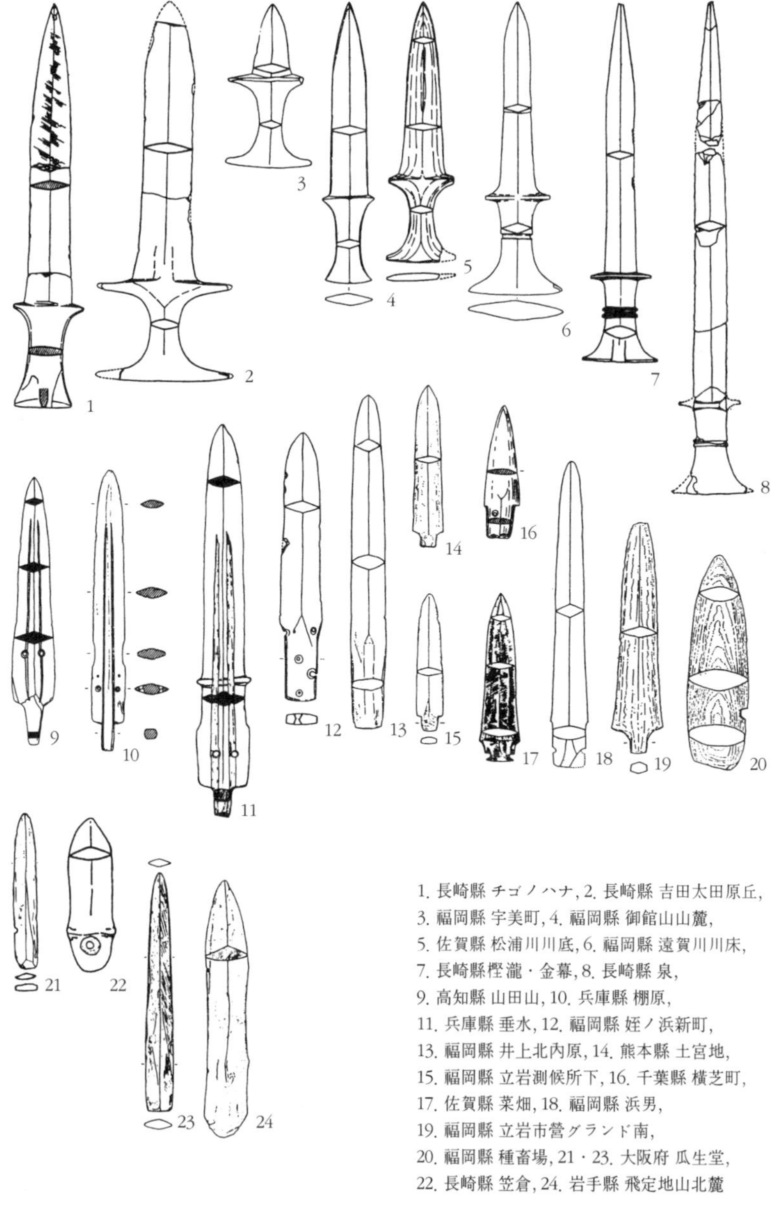

〈그림 21〉 마제석검(S : 1/8) 1~8. 유병식, 9~11. 유통식, 12~21・23・24. 철검형, 22. 변형 철검형

한 명칭이 부여되었다.

⑵ 분포와 양상

| 유통식 |

킨키(近畿)를 중심으로 분포하며, 시마네(島根)현, 후쿠이(福井)현, 코치(高知)현에서도 확인된다. 나가누마(長沼)에 의하면 24예가 알려져 있는데, 이 중 킨키(近畿)에 17예가 집중하지만 킨키 남부에서는 전혀 출토되지 않고 있다. 따라서 킨키 북부와 그 주변에 특징적인 석기라 할 수 있다. 시기는 대부분이 중기 후반에 해당한다.

석재는 점판암이나 사암이 이용되고 있지만, 니시구치 요이치(西口陽一 ― 1986)는 시가(滋賀)현 아미다(阿彌陀) 산의 돌(高島石)이 집중적으로 이용되었을 가능성에 대하여 언급한 바 있다.

| 유병식 |

북부 큐슈(九州) 특히 나가사키(長崎)현 쓰시마(對馬)나 후쿠오카(福岡)현에 다수 분포하며, 에히메(愛媛)현, 카가와(香川)현, 코치현에서도 확인된다. 또, 오사카(大阪), 후쿠이현, 아이치(愛知)현 등에도 소수 알려져 있다. 나가누마에 의하면 61예 이상 존재한다. 시기는 조기~전기로 생각된다. 유단병(有段柄)이 무단병(無段柄)보다 이른 시기에 해당하며, 무단병의 소멸은 전기 후반으로 추정된다.

| 철검형 |

후쿠오카현을 중심으로 북부 큐슈에 다수 분포하며, 다음으로 킨키, 소수에 불과하지만 츄부(中部), 칸토(關東), 토호쿠(東北)에서도 관찰된다. 시기는 북부 큐슈에서 조기~중기 후반, 킨키에서는 중기 후반~후기 초두로

역주 16 이 책의 철검형은 한반도에서 유경식(有莖式)으로 분류되는 형태이다. 한반도에서 유경식은 청동기시대의 이른 시기부터 등장하여 남한지역에서는 송국리문화(松菊里文化) 관련 유적에서 주로 출토되어, 시기적으로 철기와는 전혀 관련이 없다.

생각된다. 석검 가운데 가장 보편적이며, 파손품이나 재가공품이 많고 부러진 끝 부분이 사람 뼈에 찔린 상태로 출토되는 등 무기로 사용되었음이 추정된다. 그러나 무덤에서 출토되는 경우도 있어 부장품으로서 이용된 것도 존재한다.

| 변형 철검형 |

유공석검(有孔石劍)이라고도 하는데(八幡一郎 1933), 나가노(長野)현을 중심으로 분포하며 칸토 북부에서도 확인된다. 시기는 중기~후기로 생각된다.

(3) 시기적 변천

마제석검은 조기부터 확인되는데, 전기 말까지는 북부 큐슈(九州)를 중심으로 유병식(有柄式)이 전개된다. 유병식의 대부분은 한반도에서

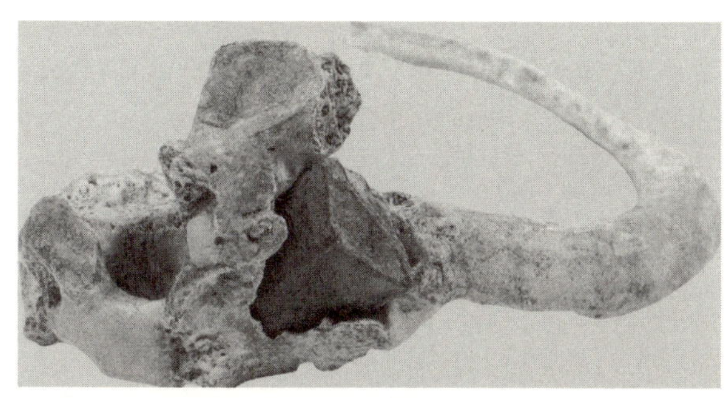

〈사진 23〉 스다레(スダレ)유적에서 출토된 석검이 박혀있는 사람 뼈

반입된 것으로 생각되지만, 일본에서도 제작되고 있다.

전기 말~중기 전반에는 북부 큐슈를 중심으로 철검형(鐵劍形)이 성행한다. 철검형은 경부(莖部)가 큰 것이 주체를 점하는데, 이는 손잡이와의 강한 결박을 위한 고안으로 실제 사용되었던 것이 많았음을 짐작케 한다.

중기 후반~후기 전반이 되면 북부 큐슈에서는 출토 예가 적어지며, 주로 킨키(近畿)의 동쪽으로 전개된다. 킨키에는 유통식(有樋式)이나 철검형이, 츄부(中部), 칸토(關東), 토호쿠(東北)에서는 철검형도 약간 존재하지만 변형 철검형이 많다.

마제석검의 용도는 각 형식에 따라 다르다. 유병식은 한반도에서는 부장품, 일본에서는 제기(祭器)의 성격이 강하다. 그러나 무덤 내부에서 출토

된 석검의 부러진 끝 부분 가운데 유병식이 전혀 존재하지 않는다고는 할 수 없기 때문에, 무기로 이용되었던 것도 부정할 수 없다. 철검형은 대부분이 무기로 이용되지만, 유통식은 제기로 다루어졌을 가능성이 크며 변형 철검형도 같은 양상이라 생각된다.

6) 마제석과(磨製石戈)

몸통의 중앙에 각이 있어 단면 마름모꼴을 이루며, 경부(莖部)는 편평하다. 기부(基部)가 넓게 벌어지면서 좌우에 한 쌍의 작은 구멍이 뚫려있는 것이 전형적인 형태이다. 석과의 최초 발상지는 온가가와(遠賀川)유역이며, 부족한 동과(銅戈)를 보충하기 위하여 제작되기 시작하였다(下條信行 1977).

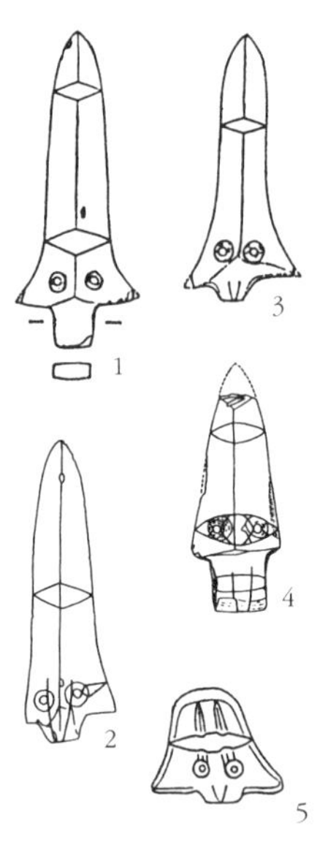

1. 福岡縣 立岩熊野神社裏,
2. 福岡縣 絲田,
3 · 4. 福岡縣 潤町,
5. 群馬縣 富岡

〈그림 22〉 마제석과(S : 1/8)

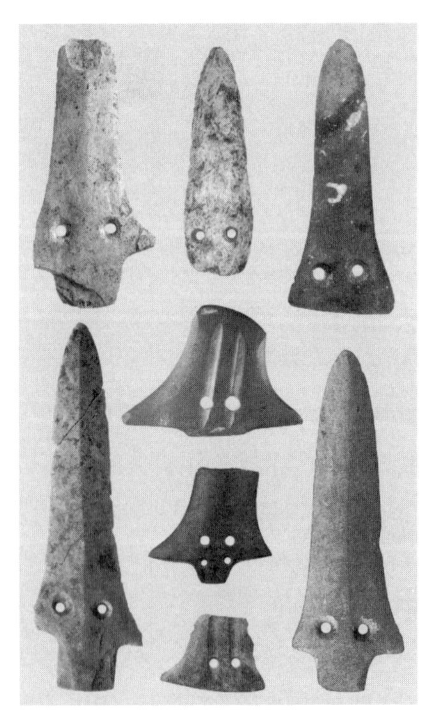

〈사진 24〉 마제석과 각종

시모죠 노부유키(下條信行 1976)에 의하면 130점 정도의 출토 예가 있는데, 크게 피홈이 없는 큐슈(九州)형 석과와 피홈이 존재하는 키나이(畿內)형 석과로 구분된다. 이 가운데 대부분을 차지하는 큐슈형은 몸통이나 경부의 형태, 길이 등을 기준으로 5개 형식으로 세분된다.

큐슈형은 큐슈를 중심으로 분포하며, 에히메(愛媛)현, 야마구치(山口)현, 효고(兵庫)현, 후쿠이(福井)현에서도 확인된다. 키나이형은 오사카(大阪), 나라(奈良)현, 시가(滋賀)현 등에서 관찰된다. 시기는 큐슈형이 전기 말에 출현하여 중기에 성행한다. 키나이형은 확실하지 않지만, 중기 후반을 중심으로 한 시기가 추정된다.

후쿠오카(福岡)현 바바야마(馬場山)유적의 중기 토광묘를 비롯하여 몇몇 유적의 무덤 내부에서 석과의 부러진 끝이 출토된 것을 볼 때, 무기로 사용된 것은 확실하다. 그러나 그 일부가 의례 또는 제사에 이용되었을 가능성도 부정할 수 없다.

7) 유각석기(有角石器)

유각석부, 유각석검이라고도 하는데, 한쪽 끝에 주걱형으로 벌어진 날이 있으며 다른 쪽은 막대기 형태를 이루면서 중앙부의 양쪽에 돌기가 형성되어 있다. 1911년에 시바타 죠에(柴田常惠 1911)가 처음 소개한 이후 나카야 지우지로(中谷治宇二郎 1924), 모리모토 로쿠지(森本六爾 1930), 이토 노부오(伊藤信雄 1953; 1954), 노구치 요시마로(野口義麿 1966) 등에 의하여 그 성격을 둘러싼 논쟁이 진행되었다.

그러나 1975년 닛타 에이지(新田榮治 1975)의 논문이 발표된 이후 오랫동안 연구가 중단되었다. 최근 치바(千葉)현 등에서 출토 예가 급증하면서 다시 검토가 이루어지고 있다(石野田誠 1987).

(1) 형태분류

나카야 지우지로(中谷治宇二郎) 이후 많은 학자들이 분류를 시도하였

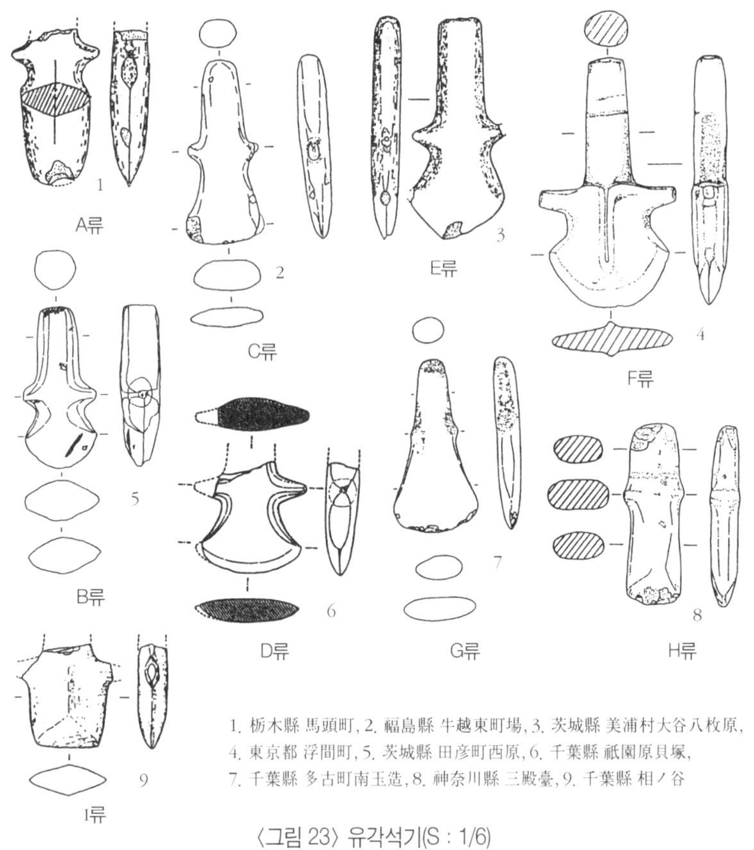

1. 栃木縣 馬頭町, 2. 福島縣 牛越東町場, 3. 茨城縣 美浦村大谷八枚原,
4. 東京都 浮間町, 5. 茨城縣 田彦町西原, 6. 千葉縣 祇園原貝塚,
7. 千葉縣 多古町南玉造, 8. 神奈川縣 三殿臺, 9. 千葉縣 相ノ谷

〈그림 23〉 유각석기(S : 1/6)

지만, 이 책에서는 이시노다 마코토(石野田誠 1987)의 분류에 따른다. 분류
는 날 부분을 기준으로 하여 뿔 부분의 형태와 그 위치, 날 부분과 손잡이
부분의 단면형을 참고로 한다.

A류는 뿔 부분과 날 부분 사이의 잘록한 곳을 제외하면, 변형 철검형
(鐵劍形) 석검과 매우 유사하다. B류는 날 부분이 말굽과 같이 약간 넓은데,
둥근 모서리를 갖는 것과 갖지 않은 것으로 구분된다. C류는 B류의 날 끝이
평탄해진 것으로, 날이 바깥쪽으로 길게 뻗지 않은 것은 B류와의 구별이 어
렵다. D류는 날 부분이 주걱과 같이 부채 모양으로 넓게 벌어진다. E류는 B

류의 날 부분 중앙 돌출과 D류의 가로로 길게 뻗음을 동시에 갖춰, 오징어 지느러미와 같은 형태의 날 부분을 이룬다. F류는 E류의 날 부분 중앙부를 둥글게 처리한 느낌을 주면서, 날 부분이 크게 벌어진다. G류는 뿔 부분이 측면에서 약간 돌출된 정도밖에 확인되지 않으면서 주걱 모양의 날 부분과 조합된다. H류는 G류와 같이 뿔 부분이 발달하지 않고 날 부분의 가로 확대도 거의 없어, 전체가 장방형의 세장한 모양이 된다. I류는 날 부분이 손잡이 부분보다 약간 넓은, 방형에 가까운 것이다.

〈사진 25〉 유각석기 각종

⑵ 분포와 시기

유각석기의 출토 예는 현재 70개 정도에 달한다. 분포의 중심은 치바(千葉)현과 이바라키(茨城)현으로 전체의 70%를 차지하며, 센다이(仙臺)평야와 카나가와(神奈川)현을 각각 북쪽과 서쪽 한계로 하여 칸토(關東)와 토호쿠(東北)의 태평양 쪽에서 관찰된다. 시기는 중기 중엽부터 후기 전엽으로 생각되지만, 가장 이른 것은 미야노다이(宮ノ臺)[17]기에 속한다.

⑶ 용도

유각석기는 야요이시대의 취락에서 출토된 것이 많다. 날 부분의 형태

역주 17 칸토 남부의 야요이시대 중기를 일컫는 용어로, 치바현 미야노다이유적 출토 토기를 표지로 한다(熊野正也 1983).

를 보면 석부와 같은 형태로부터 석검의 형태를 이루는 것까지 다양한 종류
가 확인되기 때문에, 이들 모두를 동일한 기능의 석기로 파악하기에는 무리
가 있다. 그러나 계보를 볼 때 서쪽으로부터의 금속제 도구를 모방한 것으
로 생각되며, 날 부분이나 손잡이 부분의 사용흔을 통해서도 무기로 이용되
었음이 추정된다.

한편, 나카무라 토모히로(中村友博 1980)는 유각석기를 서일본 일대의
무기형 목제품에 상응하는 제사구(祭祀具)로 상정하고, 사용흔이 확인되기
때문에 무기가 실제로 활용되는 제사로 모의전(模擬戰)을 추정하였다.

4. 수렵구

야요이시대에도 역시 수렵은 행하여졌는데, 석촉이나 투탄(投彈), 혹은
석창상석기(石槍狀石器)의 일부도 이용되었다고 생각된다.

1) 석제 투탄(石製投彈)

석제 투탄은 구석기시대부터 확인된다. 수렵구뿐만 아니라 무기로도 이
용되었다고 생각된다.

투탄에 대하여 최초로 논고를 발표한 것은 야와타 이치로(八幡一郞
1924)이며, 그 후에도 다수의 논고를 발표하고 있다(八幡一郞 1931; 1979). 이밖에 타나카 유키오(田中幸夫 1936)나 에가미 토모코(江上幹幸 1971) 등에 의해서도 연구가 진행되었는

〈사진 26〉 시라이와(白岩)유적 출토 석제 투탄

데, 야와타가 편집한 『탄담의(彈談儀)』는 다수의 사례와 다양한 견해를 정
리하여 현재까지의 연구성과를 종합적으로 보여주는 책이다.

⑴ 석제 투탄의 양상

석제 투탄의 형태는 주판알 모양과 자연
의 원형 자갈을 이용한 것이 있다. 원형 자갈의
경우 투탄인가의 판단이 어려운 것이 많다. 그
러나 거의 크기가 비슷한 것들이 일정량 모여
존재한다면, 도구로서의 가능성이 높아진다.

예를 들어 오사카(大阪) 야마가(山賀)유적
에서는 전기의 도랑과 소형 수혈에서 자연의
원형 또는 이와 유사한 형태의 자갈이 117개
출토되고 있다. 크기는 직경 3.5~4.5cm, 무게
20~50g으로 계측된다. 카와치(河內)평야 저지
대에서 이 정도 크기의 자연 자갈은 관찰되지
않기 때문에, 보고서에서는 인위적으로 반입
된 것이라 추정하고 있다.

투탄에는 토제와 석제가 있는데, 현재까

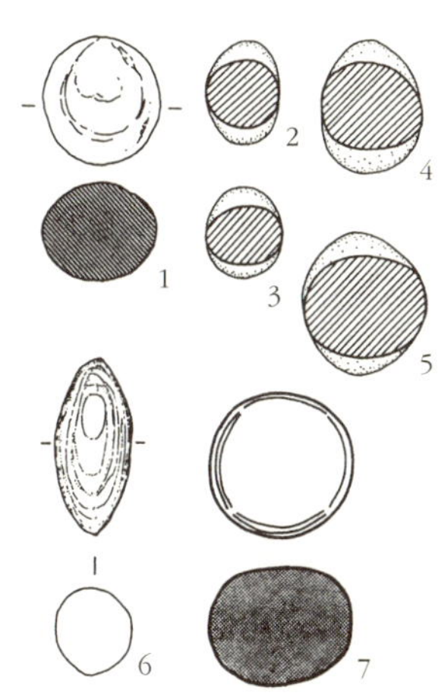

1. 岡山縣 百間川今谷,
2~5. 岡山縣 用木山,
6. 福岡縣 柏崎,
7. 大阪府 東山

〈그림 24〉 석제 투탄(S : 1/4)

지는 압도적으로 토제가 많다. 그러나 이것은 앞서 언급한 바와 같이 1~2점
만 출토되는 경우 자연 자갈로 처리된 것이 많기 때문이라 생각되며, 실제
로는 자연 자갈 투탄이 압도적 다수를 차지하는 것으로 추정된다. 야요이
시대의 투탄은 북부 큐슈(九州)에 집중되고 있지만, 석제의 출토 예가 소수
에 불과하기 때문에 분포의 편재성(偏在性)은 지적할 수 없다.

⑵ 기능과 용도

석제 투탄은 아마도 투석기(投石器)를 이용하여 사용하였던 것으로 생
각된다. 투석기의 형태는 여러 가지가 관찰되지만, 그 하나로 가는 1줄 끈
의 중앙부를 넓게 하여 그곳에 투탄을 놓고 끈의 양끝을 잡아 돌리다가 한

쪽 끝을 놓아 탄(彈)을 날리는 것도 있다.

구석기시대부터 관찰되기 때문에 수렵구로서 사용되던 것이 야요이시대에는 무기의 하나로 이용되었을 가능성도 있다.

5. 어로구

야요이시대의 어로활동이 부차적이기는 하지만, 주위가 바다로 둘러싸여 있는 지리적 조건으로 인하여 역시 활발하게 진행되었다. 이것을 나타내는 대표적인 석제 유물이 석추(石錘)이며, 그밖에 부자(浮子) 등이 관찰된다.

1) 석추(石錘)

석추는 물고기를 잡는 그물의 추로 생각되고 있다. 타결석추(打缺石錘)는 죠몬시대부터 관찰되지만, 야요이시대에는 더욱 다양한 형태의 석추가 출현하여 지역색을 띠면서 전개된다.

〈사진 27〉 석추 각종

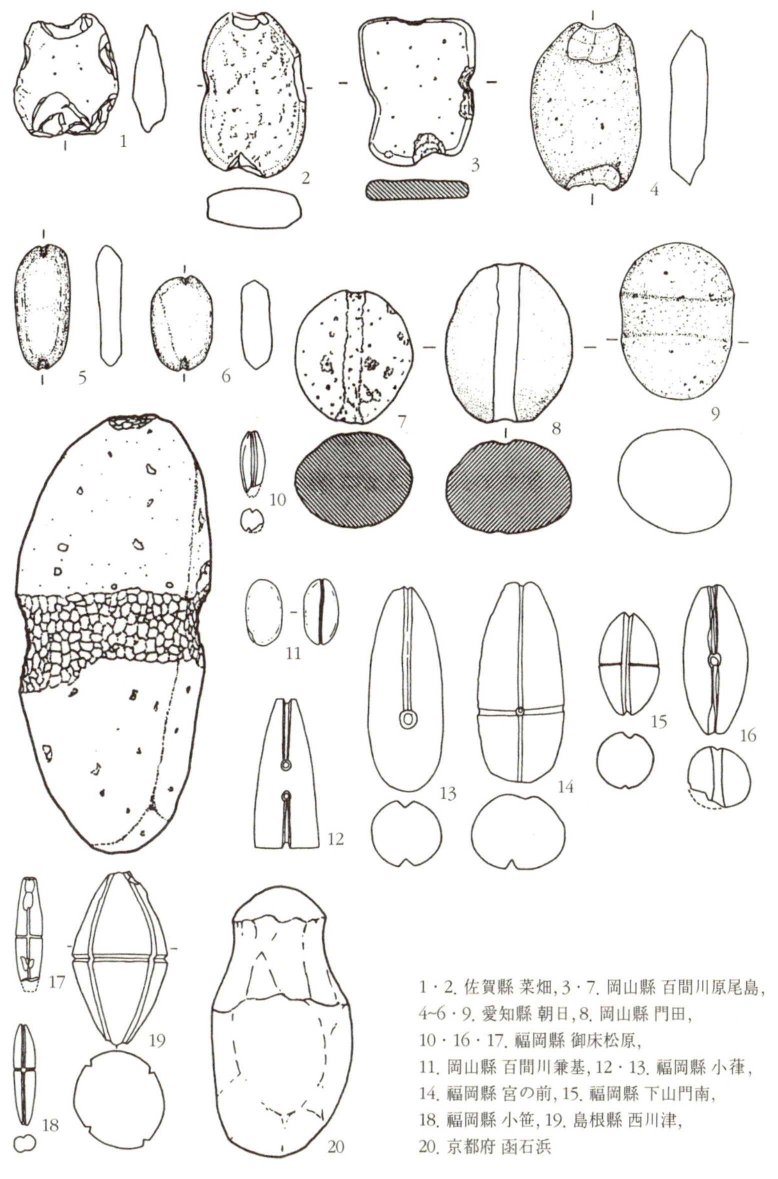

1・2. 佐賀縣 菜畑, 3・7. 岡山縣 百間川原尾島,
4~6・9. 愛知縣 朝日, 8. 岡山縣 門田,
10・16・17. 福岡縣 御床松原,
11. 岡山縣 百間川兼基, 12・13. 福岡縣 小葎,
14. 福岡縣 宮の前, 15. 福岡縣 下山門南,
18. 福岡縣 小笹, 19. 島根縣 西川津,
20. 京都府 函石浜

〈그림 25〉 석추(S : 1/4)

⑴ **지역적 양상**

와다 세이고(和田晴吾 1981; 1985)는 각종 석추의 분포를 통하여 성격이 다른 세 가지 석추군이 형성하는 세 개의 지역권을 설정하고 있다. 첫 번째는 시모죠 노부유키(下條信行 1984)가 정리한 '큐슈형 석추(九州型石錘)'로, 북부 큐슈(九州)를 중심으로 분포한다. 형태는 계란형 또는 그 하단을 평탄하게 하거나 소형의 경우 막대기 모양인데, 결합을 위한 홈이나 구멍의 형태는 다양하다. 크기는 대형과 소형이 있으며, 대형은 80~500g, 소형은 8~25g 정도이다. 변화과정을 보면 전기 말에 소형이, 중기 중반 무렵에 대형이 출현하여 중기 후반~후기에 양자 모두 성행한다. 한편, 석재는 주로 활석이 이용되고 있다.

두 번째는 세토우치(瀨戶內)를 중심으로 분포하는데, 와다가 '세토우치형 석추(瀨戶內型石錘)'로 부른 것이다. 형태는 편평한 계란형의 원형 자갈에 한 줄의 얕은 홈을 세긴 것이 대부분이다. 무게는 100~400g 정도의 것이 많다. 중기부터 관찰되며, 후기에는 출토량이 많아진다.

세 번째는 토카이(東海)·츄부(中部)·호쿠리쿠(北陸)에서 일부 산인(山陰)에 분포하는데, 와다가 '츄부형 석추(中部型石錘)'로 부른 것이다. 이것은 오래 전부터 '봉상석추(棒狀石錘)', '유두석추(有頭石錘)'라 불리던 것이며, 무게는 600~800g을 중심으로 200g 전후부터 2kg을 넘는 초대형도 있다. 후기부터 코훈(古墳)시대 전기에 걸쳐 성행한다.

6. 방직구

농경구·공구·무기 등에 비하여 눈에 띄는 존재가 아니지만, 방직기술도 야요이시대의 특징 가운데 하나이다. 방추차는 방직기술을 생각할 수 있는 대표적인 유물로, 석제와 토제 등이 있지만 여기에서는 석제만을 다루고 있다.

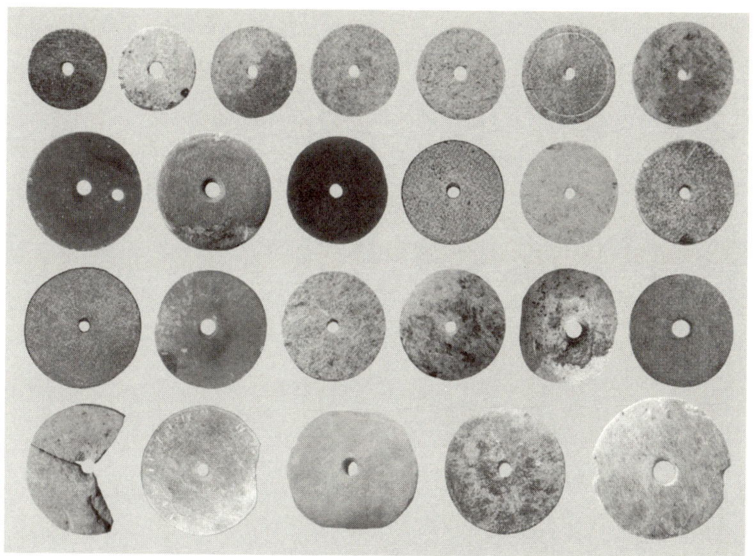

〈사진 28〉 석제 방추차 각종

1) 석제 방추차(石製紡錘車)

방추차의 전형적인 형태는 평면형이 원형을 이루며 그 중심에 굴대(軸)를 끼워 넣는 구멍이 뚫려 있는 것이다. 방추차에 대한 구체적 연구를 통하여 야요이문화 특징의 하나로서 방직을 위치시킨 것은 모리모토 로쿠지(森本六爾 1934b)이다. 이밖에 야와타 이치로(八幡一郎 1967; 1968a · b; 1969)도 일련의 논문을 통하여 형태분류나 집성을 행하고, 한반도, 이란, 중국 등과의 관계에 대해서도 고찰하고 있다.

또, 나카마 켄시(中間研志 1985b)는 벼농사 시작 단계의 방추차에 대한 분류와 계보를 검토하여 그 역사적인 위치를 부여하였다. 한편, 후지무라 쥰코(藤村淳子 1985)의 개괄적인 연구도 있다.

(1) 형태분류

석제 방추차 중에는 원래부터 방추차로 제작된 것(A)과 다른 완성품을 재가공한 것(B)이 있다. 또, 이들은 원판의 한쪽 면 중앙이 높게 돌출한 것

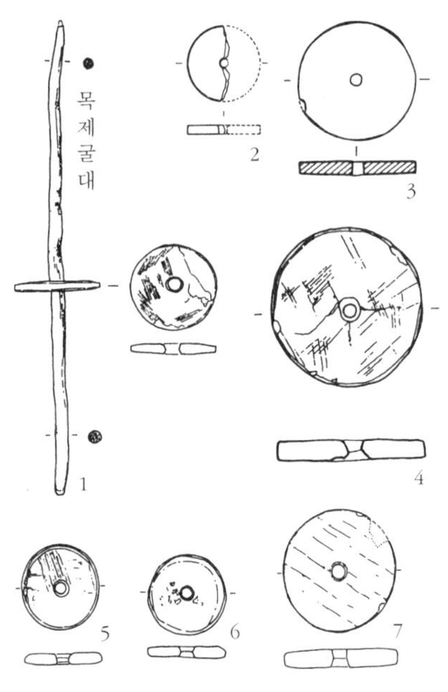

1. 大阪府 鬼虎川, 2. 福岡縣 曲り田,
3. 福岡縣 板付, 4. 福岡縣 比惠,
5·7. 大阪府 池上, 6. 大阪府 龜井

〈그림 26〉 석제 방추차(S : 1/4)

(a)과 원판형으로 두께가 거의 일정한 것(b)으로 세분된다(佐原眞 外 1964).

(2) 시기적 변천과 지역적 양상

| 조기 |

북부 큐슈(九州)에서는 조기부터 석제가 출현한다. 모두 Ab류에 속하며, 직경 4~7cm로 계측된다.

| 전기 |

북부 큐슈에서는 조기와 동일하게 Ab류가 관찰된다. 세토우치(瀨戶內)나 킨키(近畿)에서도 Ab류가 보인다. 일반적으로 조·전기의 것은 제작이 정교하다.

| 중기 · 후기 |

북부 큐슈에서 Ab류가 주로 확인되어, 조기 이후 거의 변화가 없다. 이러한 양상은 코훈(古墳)시대가 될 때까지 변하지 않는다. 세토우치~킨키에서는 Ab류와 Bb류가 관찰되지만, 후기가 되면 대부분 자취를 감춘다. 동일본에서는 Ab류가 보이지만, 석제는 극히 소수에 불과하다.

(3) 기능과 용도

오사카(大阪) 키토라가와(鬼虎川)유적에서는 Ab류에 목제의 굴대가 조합된 상태로 출토된 사례가 있다. 굴대는 단순한 막대기로, 굴대의 중앙에서 약간 한쪽으로 치우친 위치에 방추차가 부착되어 있다.

방추를 이용하여 실을 꼬는 방법으로는 방추를 무릎 위에서 굴리는 방법, 굴대의 끝을 양손으로 잡고 손을 문질러 회전하는 방법, 방추를 아래로 내려서 회전시키는 방법이 있다. 야요이시대 방추의 사용법이 어떤 것인가 는 판정할 수 없지만, 키토라가와유적 출토 굴대의 한쪽 끝이 둥글게 마무 리되어 있는 것을 근거로, 토기 등을 받침대로 하여 굴대의 하단을 지탱하 면서 팽이와 같이 회전하여 이용하였다는 견해(藤村淳子 1985)도 있다.

한편, 방추차라 불리는 것 가운데 일부는 활비비의 무게 추로 이용되었 을 가능성이 있다.

7. 조리구

야요이시대에 관찰되는 조리구는 모두 죠몬시대부터 계속적으로 사용 되던 것이다. 석명(石皿)은 편평한 자갈의 중앙부가 약간 오목한 것이다. 석명과 조합되는 마석(磨石)으로는 편평하고 둥근 자갈이 이용되는데, 측 면에서 마연 흔적이 확인된다.

마석과 형태는 비슷하지만, 평탄한 면의 앞뒤 중앙부에 오목한 홈이 있 는 것을 요석(凹石)이라 한다. 요석의 측면에서 타격흔이나 마연흔이 확인되 는 것을 볼 때, 고석(敲石) 또는 마석과 동일한 기능을 하였으리라 추정된다.

석명과 마석은 식물성 식료의 분쇄에 이용된 것으로 생각되며, 요석이

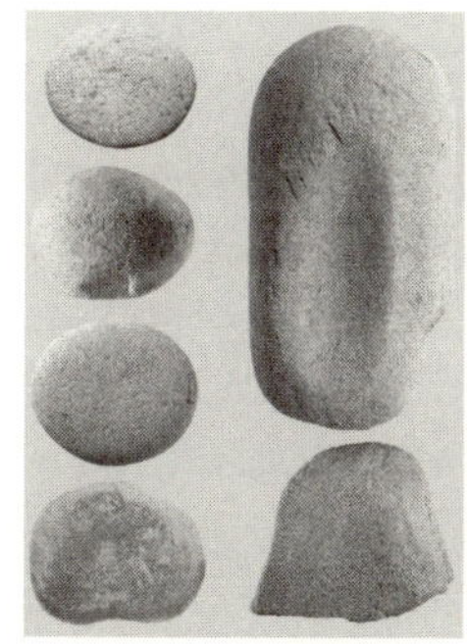

〈사진 29〉 마석(왼쪽)과
　　　　　석명(오른쪽)각종

〈사진 30〉 고석(왼쪽)과 요석(오른쪽) 각종

나 고석도 두드려 부수거나 눌러 으깨는 용도로 사용되었을 것이다. 한편, 요석에 대하여 불을 피울 때 활비비를 위에서 누르는 도구라는 견해도 있다.

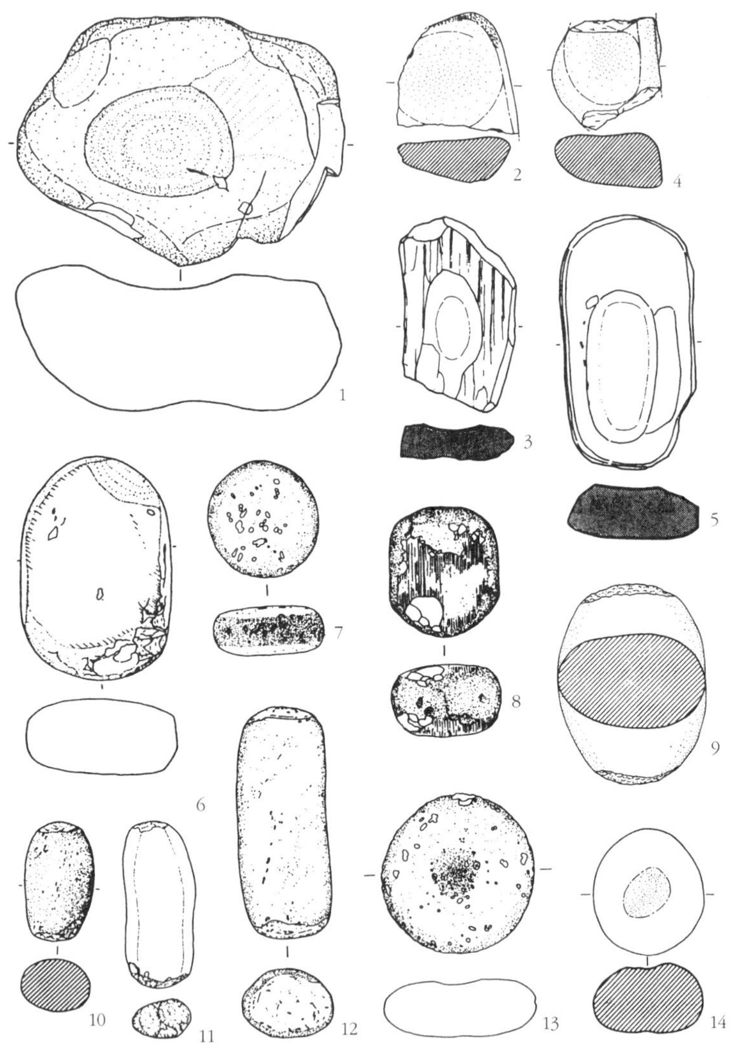

1·6. 大分縣 二本木, 2·4·9·14. 岡山縣 用木山, 3·5. 大阪府 東山,
7·8·12·13. 愛知縣 朝日, 10. 福島縣 龍門寺, 11. 佐賀縣 菜畑

〈그림 27〉 석명(1~5=S : 1/8), 마석(6~8=S : 1/4), 고석(9~12=S : 1/4), 요석(13·14=S : 1/4)

V 석기 조성(組成)의 변천

    지역이나 시기의 특징, 생활의 양상 등을 파악하기 위한 하나의 방법으로, 출토된 석기를 종합적으로 다루는 조성에 대한 연구가 있다. 석기의 조성이란 석기의 조합과 그 구성비율을 의미하는데, 구체적인 방법으로는 각 기종별로 살펴보는 경우와 각 기종의 기능이나 용도를 기초로 한 것이 있다.

    석기 조성의 차이에는 질적인 것과 양적인 것이 존재한다. 질적인 차이는 한 기종의 소멸·출현을 통하여 인식되는데, 이는 다른 재질에 의한 대용품의 존재 또는 그 석기가 관여한 여러 활동의 끝과 시작을 의미한다. 양적인 차이는 동일한 조합에서 구성비의 변화로 인식할 수 있는데, 활동 내용에 큰 차이가 없지만 그 활동이 활발한가 그렇지 않은가를 보여주고 있다.

    아래에서 북부 큐슈(九州), 중부 세토우치(瀬戸内), 킨키(近畿), 토카이(東海), 토호쿠(東北)를 예로, 석기 조성의 지역적 양상과 시기적 변천을 살펴보고자 한다.

1. 북부 큐슈(九州)

1) 조기

    조기의 조성에서 가장 특징적인 것은 죠몬시대 이후의 석기에 대륙계 마제석기가 더해진 점이다. 가장 이른 시기의 논이 발견된 사가(佐賀)현 나바타케(菜畑)유적에서는 소량에 불과하지만 석포정, 합인석부, 편평편인석부, 마제석촉이라는 대륙계 마제석기의 조합이 확인된다.

〈표 2〉 각 유적의 석기조성

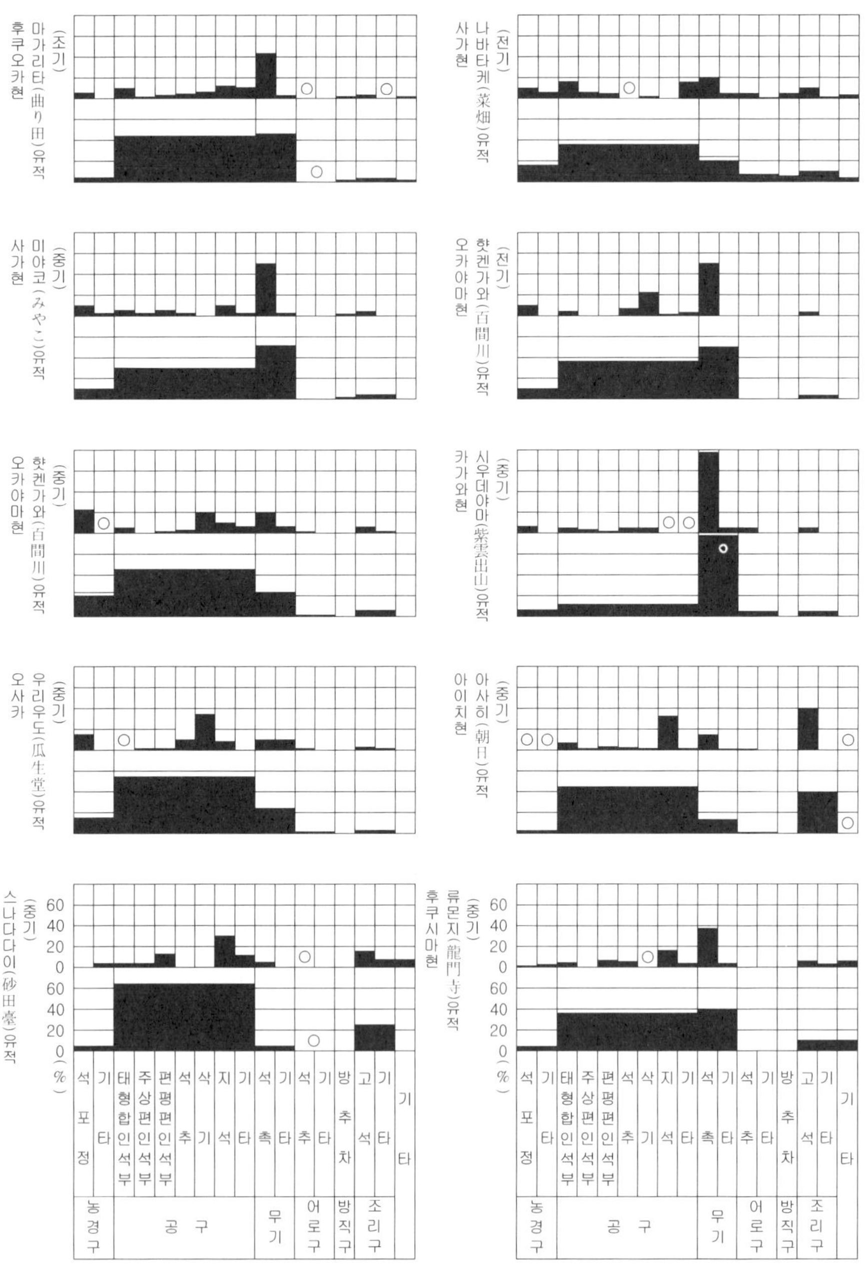

후쿠오카현 마가리타(曲り田)유적 (조기)
사가현 나바타케(菜畑)유적 (전기)
사가현 미야코(みやこ)유적 (중기)
오카야마현 햣켄가와(百間川)유적 (전기)
오카야마현 햣켄가와(百間川)유적 (중기)
카가와현 시우데야마(紫雲出山)유적 (중기)
오사카 우리우도(瓜生堂)유적 (중기)
아이치현 아사히(朝日)유적 (중기)
카나가와현 스나다다이(砂田臺)유적 (중기)
후쿠시마현 류몬지(龍門寺)유적 (중기)
석포정
기타
태형합인석부
주상편인석부
편평편인석부
석촉
삭기
지석
기석타
석촉
기석타
석추
기추차
방추차
고석
기석타
기타
농경구
공구
무기
어로구
방직구
조리구

기종별 구성비를 살펴보면 타제석촉이 가장 많은 30~40%를 차지하며, 다음으로 합인석부·석포정·삭기(削器)·지석이 각각 10~20% 정도이다. 또, 기능·용도별로 보면 공구가 절반 정도를 차지하며, 다음으로 무기와 농경구의 비율이 높고 그밖에는 소수에 불과하다.

2) 전기

전기의 석기 조합에서는 조기와 비교할 때 큰 변화가 확인되지 않지만, 석겸이나 대형석포정 등이 출현하고 있다. 또, 죠몬계의 마제석부는 자취를 감추고, 대륙계 마제석기의 전 기종이 등장한다.

기종별 구성비를 보면 조기 이후 타제석촉이 다수를 점하며, 다음으로 태형합인석부와 석포정의 비율이 높다. 또, 지석이나 삭기도 일정량 존재하는데, 그밖에는 소수에 불과하다. 한편, 기능·용도별로 보면 역시 공구가 절반 정도를 차지하며, 다음으로 무기와 농경구의 비율이 높다.

북부 큐슈에서는 조·전기에 타제석촉이 급속도로 증가한다. 죠몬시대 후·만기에 10~20%, 야요이시대 중기에는 10%도 되지 않지만, 이 시기에는 30~40%에 달한다. 이러한 현상은 수렵의 증가라기보다 한반도와의 교섭이나 환호취락에서 보이는 초기 농경사회의 긴장관계가 반영된 것으로 생각된다.

3) 중기

중기의 석기 조합은 전기에 비하여 큰 변화가 없지만, 전기 말부터 석과(石戈)가 추가된다. 기종별 구성비를 보면 석촉이 10% 이하로 감소하고, 석포정과 태형합인석부가 20% 전후로 다수를 점한다. 지석은 15% 전후로 전기에 비하여 증가하지만, 삭기는 큰 폭으로 감소한다. 또, 주상편인석부와 편평편인석부는 전기 이후 큰 변화 없이 5~10% 정도이다. 기능·용도별로 보면 공구 약 55%, 농경구 20%, 무기 15%, 조리구 5%이며, 그밖에는 소수에 불과하다.

4) 후기

후기가 되면 기본적으로는 사라지게 되지만, 지석은 마연 대상이 변화하여 일정량 존재한다. 또, 조리구인 고석(敲石)·요석(凹石)·마석(磨石)도 확인된다.

2. 중부 세토우치(瀬戸內)

1) 전기

중부 세토우치는 사누카이트를 이용한 타제석기의 출토량이 다수인 지역으로, 대륙계 마제석기는 석포정을 제외하면 매우 적다. 자료가 적기 때문이기도 하지만, 기종은 북부 큐슈(九州)보다 적고 그 조합도 단순하다.

기종별 구성비를 보면 타제석촉이 가장 많은 50% 정도를 차지하여 북부 큐슈와 비슷한 양상을 보이고 있다. 다음으로 삭기(削器)가 25%를 차지하는 것 이외에는 모두 소수이다. 기능·용도별로 보면 무기 50%, 공구 35%, 농경구 10%이며, 그밖에는 소수에 불과하다.

2) 중기

중기에는 소수에 불과하지만 모든 마제석부류가 등장한다. 또, 타제석촉이나 석창상석기(石槍狀石器) 등의 무기가 중기 후반~후기 초두에 증가한다.

기종별 구성비를 보면 석촉이 전반에 20% 정도였던 것이 후반에는 30~40%로 증가한다. 석촉의 증가는 유적의 입지에 따라서도 차이가 있는데, 평야에 위치한 유적에서는 20~30%이지만, 산 정상부의 오카야마(岡山)

현 요기야마(用木山)유적이나 카가와(香川)현 시우데야마(紫雲出山)유적
에서는 70%에 달한다. 석촉과 비슷한 정도로 존재하는 것은 부정형의 삭기
와 타제석포정으로, 모두 20~25%를 차지한다. 또, 태형합인석부와 지석도
일정량을 차지하게 된다.

3) 후기

후기 초두에는 역시 타제석촉이나 부정형 삭기, 그리고 타제석포정 등
이 일정량 남아있지만, 전체적으로는 감소하고 있다. 이러한 경향 가운데
고석(敲石)이나 마석(磨石), 지석은 반대로 증가한다.

3. 킨키(近畿)

1) 전기

자료가 적기 때문에 명확하지는 않지만, 기종 조합이 중부 세토우치(瀬
戶內)와 큰 차이가 없다고 생각된다. 단, 대륙계 마제석기는 중부 세토우치
보다 종류가 많다. 기종별 구성비를 보면 석포정이 가장 많고, 다음으로 석
촉, 석창상석기(石槍狀石器), 삭기(削器)의 순서로 비율이 높다. 또, 석추
(石錐), 태형합인석부도 일정량 확인되지만, 그밖에는 소수에 불과하다.

2) 중기

중기가 되면 기종의 증가 경향이 관찰되지만, 이는 전기의 양상이 분명
하지 않기 때문에 나타난 현상이라 생각된다.

기종별 구성비를 보면 석촉과 석포정이 약 20%를 차지하며, 다음으로
부정형의 삭기가 15%, 석창상석기가 10%, 석추와 지석이 8%, 태형합인석
부가 6% 정도이다. 그밖에는 소수에 불과하다. 기능·용도별로 보면 공구

가 가장 많은 35%를 차지하며, 다음으로 무기 30%, 농경구 25%, 조리구 8%
이다. 한편, 무기는 전반에 25% 정도였던 것이 후반에는 35%로 증가하고
있다.

3) 후기

후기가 되면 전체적으로 수량이 줄어들지만, 고석(敲石)이나 마석(磨
石) 등의 조리구와 지석은 계속해서 일정량 이용된다.

4. 토카이(東海)

1) 중기

전기는 자료가 적어 명확하지 않다. 중기에는 대륙계 마제석기를 포함
한 각종 석기가 확인되지만, 석포정은 매우 적다.

기종별 구성비를 보면 석촉이 30~40%로 다수를 점하는데, 전반보다 후
반에 증가 경향을 보이고 있다. 다음으로 지석 15%, 삭기(削器) 10%이며,
이밖에 요석(凹石), 고석(敲石), 마석(磨石), 석추(石錐), 태형합인석부도 일
정량 존재한다. 기능·용도별로 보면 공구가 절반 정도를 차지하며 다음으
로 무기와 조리구가 각각 30% 정도 관찰되는데, 농경구가 매우 적은 것이
특징이다.

2) 후기

다른 지역과 마찬가지로 후기가 되면 공구부터 자취를 감추지만, 전반
까지 남아있는 것도 적지 않다.

5. 토호쿠(東北)

1) 중기

전기의 온가가와(遠賀川)식 토기[18]와 공반하는 석기 조성은 분명하지 않지만, 죠몬시대의 영향을 강하게 남기고 있으며 이러한 양상은 중기가 되어도 확인된다. 토호쿠의 대륙계 마제석기는 양적인 문제를 생각하지 않으면 일정한 조합을 가지고 분포하여, 석포정이 존재하지 않는 토카이(東海)나 칸토(關東) 남부와는 크게 다르다.

기종별 구성비를 보면 석촉이 30~40% 정도로 다수를 차지하며, 다음으로 석추(石錐), 삭기(削器), 고석(敲石), 마석(磨石), 석명(石皿)이 일정량 확인된다. 기능·용도별로 보면 무기 30~40%, 조리구 20~30%, 공구 20~30% 정도이지만, 농경구는 5%로 소수에 불과하다. 한편, 토호쿠의 타제석촉을 무기에 포함시켰지만 그 형태나 무게에 큰 변화가 확인되지 않기 때문에, 대다수는 수렵구로 이용되었을 가능성이 높다.

2) 후기

후기가 되어도 잔존하는 기종이 있지만, 기본적으로는 감소한다. 단, 조리구나 지석 등은 계속해서 일정량 이용된다.

이상 각 지역의 석기 조성을 살펴보았는데, 시기나 지역에 따라 양상이 다르다. 우선, 기능·용도별로 보면 공구는 토호쿠(東北)에서 약간 적지만, 북부 큐슈(九州)~토카이(東海)에서 50% 정도를 차지하고 있다.

농경구는 야요이시대를 상징하는 도구로 북부 큐슈~킨키(近畿)에서는

역주 18 후쿠오카(福岡)~나고야(名古屋)에 이르는 서일본 각 지역에서 동일하게 제작된 야요이시대 전기의 토기를 일컫는다(佐原眞 1983).

10~20% 정도를 차지하는데 반하여, 토카이에서는 매우 적고 토호쿠는 토카이보다 많지만 역시 소수에 불과하다. 이러한 농경구 특히 석포정의 출토량이 적은 것을 근거로 논농사의 많고 적음을 지적할 수도 있지만, 실제 유적을 통해서는 뚜렷한 차이가 확인되지 않는다. 오히려 석포정을 대신하는 석기, 또는 패포정(貝庖丁)이나 목포정(木庖丁) 등 재질이 다른 수확구의 존재가 추정된다.

무기는 토호쿠에서 30~40% 정도로 약간 많고, 다른 지역에서는 25~30%를 차지한다. 무기는 시기에 따라 변화하는데, 북부 큐슈의 조·전기, 중부 세토우치(瀬戸內)의 전기에 뚜렷하게 증가한다. 이는 전기의 환호취락 성립과 함께, 농경사회 성립기의 긴장관계를 반영하는 것이다. 또, 중부 세토우치~킨키, 그리고 토카이의 일부에서 관찰된 중기 후반~후기 초두의 무기 증가는, 방어에 유리한 고지성(高地性) 취락이나 환호취락의 존재와 합하여 생각해 볼 때 지역 간의 항쟁(抗爭)을 나타내는 양상이라 할 수 있다.

토호쿠에서 석촉과 조리구가 많은 것은, 주요 생계 수단은 아니지만 역시 수렵이나 채집도 성행하였음을 보여주고 있다.

VI 석기의 소멸

　야요이시대는 그 시작부터 금속기가 확인되기는 하지만, 역시 다수의 석기가 이용되고 있다. 그러나 이러한 석기도 후기가 되면 자취를 감추는 것은 이미 살펴본 바와 같다.

　석기의 소멸이 석기의 철기화(鐵器化)와 그 보급을 보여주는 것은 현재 거의 정설로 되고 있다. 오래 전 모리모토 로쿠지(森本六爾 1934a)를 시작으로 『야마토(大和) 카라코(唐古) 야요이식 유적의 연구』(末永雅雄 外 1943), 콘도 요시로(近藤義郎 1960), 츠데 히로시(都出比呂志 1967), 카와고에 테츠시(川越哲志 1975), 마츠이 카즈유키(松井和幸 1982) 등의 논고가 있는데, 단순히 석기의 소멸과 철기의 보급이라는 현상 지적에 그치지 않고 그 의의에 대해서도 기술하고 있다.

　한편, 후기에 있어서 석기의 소멸과 그 철기화는 지역이나 기종에 따라 달라지는데, 그 양상을 살펴보고자 한다.

1. 북부 큐슈(九州)

　북부 큐슈에서는 이미 조기 단계부터 철제 공구가 확인되며, 중기에는 철부를 중심으로 출토 예가 증가한다. 한편, 석기는 중기 전반에 가장 많고 이후 감소하는 경향이 관찰된다. 그리고 후기가 되면 빠른 속도로 감소하는데, 특히 대륙계 공구의 소멸이 뚜렷하며 그 대신 철제 공구류의 증가가 확인되어 상당히 보급되었음이 살펴진다. 단, 후기에 공구류의 잔존상태는 유적에 따라 다양하며, 철 소재의 공급이 충분하지 않은 집단의 경우는 보완적으로 늦게까지 잔존하고 있다.

2. 중부 세토우치(瀨戶內)

이 지역의 철기는 중기 후반부터 철부, 사(鉈),[19] 철촉이 소수 알려져 있는데, 오카야마(岡山)현 핫켄가와(百間川)유적군에서도 후기 전반부터 철촉이나 철제 삽(괭이) 끝이 관찰될 뿐 뚜렷하지 않은 점이 많다.

한편, 석기는 중기 후반에 가장 많이 출토되며, 후기 초두까지 비교적 다수 관찰된다. 전반에는 급속도로 감소하지만, 석촉이나 석포정, 태형합인석부 등은 후반까지 남아있다. 이 지역에서 대륙계 공구는 전기부터 소수에 불과하기 때문에, 북부 큐슈와 마찬가지로 공구류에서 철기화되었는가는 확실하지 않다. 오히려 후기에 철촉의 출토 예가 증가하는데, 이는 석촉의 소멸과 일치하고 있다.

3. 킨키(近畿)

킨키에서도 철기의 출토량은 적지만, 중기 후반부터 철부나 철촉, 사(鉈) 등이 확인된다. 석기는 중기 후반에 가장 많이 출토되며 후기가 되면서 급속도로 자취를 감추지만, 무기나 석포정, 태형합인석부 등은 전반까지 적지 않게 잔존한다.

북부 큐슈와 같은 양상으로 대륙계 공구류가 다른 것보다 먼저 철기화

역주 19 사(鉈)는 철부로 가공한 면을 깎아 다듬는 도구로, 석기에는 존재하지 않던 기능을 가진 점이 중요하다. 야요이시대의 사는 일반적으로 길이 2~3cm로 짧기 때문에, 녹로 사용 시 토기를 다듬는 칼 혹은 목제 용기의 최종 가공 도구로서 세부가공에 이용되었을 것으로 추정된다(岡村秀典 1985).

되고 있지만, 석기가 가장 많이 출토되는 시기를 통하여 볼 때 킨키 쪽이 약간 늦은 것으로 추정된다. 또, 중기 후반 이후 철촉의 출토 예도 공구에 필적할 정도이기 때문에, 무기도 공구와 함께 철기화가 진행된 것으로 생각된다.

4. 토카이(東海)·토호쿠(東北)

토카이와 토호쿠에서는 석기의 출토 예가 소수에 불과하기 때문에, 철기화의 양상은 석기가 소멸하는 과정을 통하여 추정할 수밖에 없다.

이상 서일본을 중심으로 석기의 소멸과 그 철기화에 대해서 살펴보았다. 그 결과는 다음과 같이 요약된다. 북부 큐슈에서는 중기 전반 이후 먼저 대륙계 공구로부터 철기화가 진행되며, 약간 늦은 중기 후반에는 중부 세토우치나 킨키에서도 철기화가 시작된다. 그리고 후기가 되면 철기가 보급되면서 이와 함께 석기는 자취를 감추게 된다.

이러한 가운데 농경구의 철기화는 공구나 무기에 비하여 늦은 편이다. 이는 후기 전반에 철제 삽(괭이)의 끝이나 철제 낫이 확인되기는 하지만, 후기 후반까지 석포정이 적지 않게 잔존하는 것을 통하여 살필 수 있다.

후기 전체에 걸쳐 진행된 철기화와 그 보급에 있어서 철 소재의 부족에 의해 보완적으로 잔존하고 있던 석기도 마지막에는 북부 큐슈~토호쿠 지역에서 자취를 감추게 되는데, 이 단계에 철기화가 완성된 것으로 생각된다.

이 책을 집필하기 위하여 각 지역에서 출간된 보고서를 보면서, 자세한 시기나 조성을 판명할 수 있는 자료가 얼마나 적은가를 다시 한번 생각하게 되었다. 토기와 함께 유구에서 한꺼번에 출토된 사례가 소수에 불과하며 대부분이 포함층 출토품이기 때문에, 대략적인 시기나 시대를 파악하는 것만이 가능하다. 또, 죠몬·야요이시대의 복합 유적인 경우 전형적인 것들을 제외하면 어느 쪽에 속하는지도 결정할 수 없다. 이러한 이유 때문에 석기 연구는 토기 등에 비하여 상당히 뒤처지고 있다. 특히, 일정한 형태를 갖춘 것 이외에는 보고서에서도 다루지 않는 경우가 많아, 연구에 있어서 앞으로의 과제가 될 것이다.

필자의 이야기를 하자면, 야요이시대 유적을 발굴하면 반드시 출토되는 다량의 사누카이트제 석기와 박편류 때문에 고민하고 있다. 이들 가운데 일정한 형태를 갖춘 약간의 석기를 제외하면, 나머지는 판단이 어려운 석기들만 남는다. 박편 주변에 남아있는 각종 조정이나 타격흔, 또는 사용흔 등은 단순히 삭기(削器)나 설형석기(楔形石器) 등으로 분류하는 것을 곤란하게 만들고 있다. 이렇게 기종 혹은 기능이나 용도를 결정할 수 없는 석기가 실제로 가장 많지만, 이 책에서도 별로 언급하지 못하였다. 반성한다.

『야요이시대의 석기』라는 무거운 짐에서 일단 벗어났다. 책을 마친 후에도 무언가 부족한 느낌을 지울 수 없다. 선학의 업적을 교통정리 하였을 뿐 독창성이 없기 때문이리라. 이 책이 야요이시대 석기에 대해 관심을 가진 분들에게 조금이라도 도움이 된다면 그것으로 만족하겠다.

일본열도에서 출토된 한반도 계통의 마제석기를 이르는 것으로 대륙계 마제석기라는 용어가 있다. 이는 중국이나 한반도 등 동아시아 대륙에서 출현하여 논농사와 함께 야요이시대에 일본열도로 전파된 새로운 마제석기를 말한다. 이러한 용어에서 알 수 있듯이 양 지역의 석기, 특히 마제석기는 형태와 기능은 물론 문화적 성격에 있어서도 동일한 것으로 추정되고 있다. 그런데 일본열도에서는 출토양상이 양호한 석기 자료가 다수 확인되고 있어, 한반도 출토품에 비하여 다양한 정보를 파악하는 것이 가능하다. 예를 들어 사람 뼈에 박혀 있는 석촉이나 석검, 나무 자루가 부착된 석부, 제작과정의 각 단계에 해당하는 반월형석도 등은 모두 석기의 기능이나 사용방법, 제작방법 등을 직접적으로 보여주는 자료라 할 수 있다. 따라서 일본열도에서 출토된 석기의 양상을 살펴봄으로써 한반도 출토 석기에 대한 이해의 폭을 넓힐 수 있을 것이라 기대되며, 이러한 이유에서 이 책을 번역하게 되었다.

이 책을 처음 접한 것은 대학원 1학년 때이다. 마제석기에 대한 여러 논문을 읽으면서 좀 더 개괄적이고 종합적인 책이 없을까 하던 중에 발견하게 된 것이 바로 이 『야요이시대의 석기』이다. 그 후 꽤 많은 시간이 지났지만 아직까지 이 책에 버금가는 석기 관련 서적은 필자가 아는 한 한국은 물론 일본에도 없는 것 같다. 분량이 많지 않은 책이었지만 부족한 어학 실력으로 번역을 마치고 보니, 솔직히 뿌듯한 마음도 없지 않지만 부끄러운 생각이 앞선다. 단순히 내용을 파악하기 위하여 번역하는 것과 다른 사람들이 읽고 이해하도록 번역하는 것이 이렇게 큰 차이가 있는 줄은 정말 몰랐다. 번역 작업은 아무나 하는 것이 아님을 이번 기회를 통해 절실히 느끼게 되었다. 아무튼 마제석기에 관심이 많은 필자로서는 처음 공부를 시작할 무렵에 교과서로 삼았던 책을 번역하는 작업이 남다른 감회를 느낄 만큼 뜻 깊은 일이었음을 밝혀두고 싶다. 아무쪼록 이 번역서가 저자이신 히라이 마사루(平井勝) 선생님의 영전에 누가 되지 않았으면 하는 바램이다.

이 책의 번역에는 여러 선생님들의 도움이 있었다. 먼저 시모죠 노부유키(下條信行) 선생님은 번역과 관련된 각종 편의와 함께 귀중한 사진 자료까지 제공해 주셨다. 또, 히라이 마사루 선생님의 미망인이신 히라이 노리코(平井典子) 선생님께서는 흔쾌히 번역서의 출판을 허락해 주셨다. 이들 두 분 선생님께 진심으로 감사 드린다. 한편, 같은 연구소에서 근무하는 쇼다 신야(庄田愼矢) 씨는 필자의 부족한 일본어 실력을 메워주었으며, 후배 이우석 군과 송한경 군이 사진과 관련된 작업을 적극적으로 도와주었다. 때로는 바쁘다는 핑계로 튕기기도 하였으나 이들이 없었다면 번역서의 완성은 요원한 일이었을 것이다. 마지막으로 이 책을 한국고고환경연구소의 학술총서로 발간할 수 있게끔 허락해 주신 이홍종 선생님과 예쁘게 책을 만들어 주시고 또 출간해 주신 서경문화사의 김선경 사장님 이하 직원 여러분들께도 감사의 인사를 전하고 싶다.

孫晙鎬 _ 손준호

加藤晋平·鶴丸俊明, 1980, 『圖錄石器の基礎知識Ⅰ』.

甲元眞之, 1981, 「磨製石鎌についての二·三の問題」『綾羅木鄉遺跡Ⅰ(本文編)』.

江上幹幸, 1971, 「彌生時代の投彈」『考古學ジャーナル』54.

高橋健自, 1923, 「銅鉾銅劍考(十一)」『考古學雜誌』13-6.

國分直一, 1970, 『日本民族文化の硏究』.

近藤義郎, 1960, 「鐵製工具の出現」『世界考古學大系』2.

近藤義郎, 1986, 「總論-變化·畫期·時代區分」『日本考古學』6.

禰宜田佳男, 1986, 「打製短劍·石槍·石戈」『彌生文化の硏究』9.

都出比呂志, 1967, 「農具鐵器化の二つの畫期」『考古學硏究』13-3.

藤森榮一, 1943, 「彌生式文化に於ける攝津加茂の石器群の意義に就て」『古代文化』14-7.

藤田等, 1964, 「大陸系石器 -とくに磨製石鎌について-」『日本考古學の諸問題』.

藤田三郎, 1984, 「唐古鍵遺跡第16·18·19次發掘調査槪報」『田原本町埋藏文化財調査槪報』2.

藤村淳子, 1985, 「紡錘車」『彌生文化の硏究』5.

末永雅雄 外, 1943, 『大和唐古彌生式遺跡の硏究』.

梅原末治, 1922a, 「鳥取縣下に於ける有史以前の遺跡」『鳥取縣史蹟勝地調査報告』1.

梅原末治, 1922b, 「遺物の硏究(上)」『鳥取縣史蹟勝地調査報告』1.

梅原末治, 1924, 「銅劍銅鉾に就いて(七)」『史林』9-4.

武末純一, 1982, 「[3]有柄式石劍」『末盧國』.

蜂屋晴美, 1985, 「石錐」『彌生文化の硏究』5.

山口讓治, 1976, 「彌生時代環狀石斧出土地名表」『福岡市埋藏文化財調査報告書』35.

山崎直方, 1889, 「河內國に石器時代の遺跡を發見す」『東京人類學會雜誌』4-40.

山內淸男, 1932, 「磨製片刃石斧の意義」『人類學雜誌』47-7.

森本六爾, 1930, 「關東有角石器の考古學的位置-靑銅利器に關係ある石器の一考察」『考古學』1-1.

森本六爾, 1934a,「石庖丁の諸形態と分布」『日本原始農業新論』.

森本六爾, 1934b,「彌生文化の紡織 -底部に布痕を有する土器の一型式-」『考古學評論』1.

森本六爾, 1947,『日本農耕文化の起原』.

森本晋, 1985,「石小刀」『彌生文化の研究』5.

相原康二, 1990,「岩手縣內における彌生時代の石器組成について」『岩手縣文化振興事業團
　　　　埋藏文化財センター紀要』IX.

上村佳典, 1980,「石庖丁製作における工具について」『地域相研究』9.

西口陽一, 1986,「人・硯・石劍」『考古學研究』32-4.

石毛直道, 1968,「日本稲作の系譜」(上)・(下)『史林』51-5・6.

石神幸子 外, 1978,『池上遺跡』3-1(石器編).

石神幸子 外, 1979,『池上遺跡』3-2(石器編).

石野博信, 1967,『攝津加茂』.

石野田誠, 1987,「茨城縣勝田市西原出土の有角石器 -有角石器文化圈再考への序說-」『明治
　　　　大學考古學博物館館報』3.

小林公明, 1978,「石庖丁の收穫技術」『信濃』30-1.

小林行雄, 1937,「石庖丁」『考古學』8-7.

小林行雄, 1951,「彌生時代の農耕」『日本考古學槪說』.

小林行雄, 1959,『圖解考古學辭典』.

小田富士雄, 1973,『原遺跡-北九州市香月地區茶屋原團地造成地の調査』.

松島透, 1964,「飯田地方における彌生時代打製石器」『日本考古學の諸問題』.

松木武彦, 1989,「彌生時代の石製武器の發達と地域性 -とくに打製石鏃について-」『考古學
　　　　研究』35-4.

松尾泰子, 1984,「彌生時代の磨製石鎌について」『山口大學文學部考古學研究室研究報告』3.

松井和幸, 1982,「大陸系磨製石器類の消滅とその鐵器化をめぐって」『考古學雜誌』68-2.

水島稔夫, 1985,「石鎌」『彌生文化の研究』5.

須藤隆・阿子島香, 1985,「東北地方の石庖丁」『日本考古學協會第51回總會研究發表要旨』.

柴田常惠, 1911,「下總國海上郡足洗村發見の奇形石器」『人類學雜誌』27-5.

新田榮治, 1975,「有角石斧の再檢討」『考古學雜誌』60-4.

阿子島香, 1989,『考古學ライブラリー56 石器の使用痕』ニュー・サイエンス社.

野口義麿, 1966,「東京都北區浮間町出土の有角石斧」『考古學雜誌』51-3.

野本考明, 1989,「東日本の磨製石庖丁」『國學院大學考古學資料館紀要』5.

原田大六, 1936,「抉入片刃石器の再檢討」『古代學研究』34・35.

有光敎一, 1959,「朝鮮磨製石劍の研究」『京都大學文學部考古學叢書』2.

乙益重隆, 1970,「熊襲・隼人のクニ」『古代の日本』3.

伊藤信雄, 1953,「東亞出土の有角斧」『古代學』2-2.

伊藤信雄, 1954,「有角石器の用途について」『考古學雜誌』40-3.

日下部善己, 1983,「環狀石斧」『繩文文化の研究』7.

立平進, 1978,「彌生時代, 片刃石器の實態」『物質文化』31.

立平進, 1983,「彌生時代, 片刃石器の實態(再考)」『人間, 遺跡, 遺物』.

立平進, 1985,「加工石斧(柱狀片刃石斧・扁平片刃石斧)」『彌生文化の研究』5.

長沼孝, 1986,「磨製石劍・石戈」『彌生文化の研究』9.

田中幸夫, 1936,「投彈形土製品について」『考古學』7-10.

井藤徹, 1986,「環狀石斧」『彌生文化の研究』9.

正林護, 1976,「里田原遺跡出土木器の復元的研究」『古代學研究』79.

井上裕弘 外, 1979,『山陽新幹線關係埋藏文化財調査報告』11.

町田章, 1985,「木器の生産」『彌生文化の研究』5.

種定淳介, 1990,「銅劍形石劍試論(上)・(下)」『考古學研究』144・145.

佐原眞, 1975a,「かつて戰爭があって -石鏃の變質-」『古代學研究』78.

佐原眞, 1975b,「農業の開始と階級社會の形成」『日本歷史』1.

佐原眞, 1977,「石斧論 -横斧から縱斧へ-」『考古論集』.

佐原眞, 1982,「石斧再論」『森貞次郎博士古稀記念古文化論集』.

佐原眞, 1985,「石斧」『彌生文化の研究』5.

佐原眞 外, 1964,『紫雲出-香川縣三豊郡詫間町紫雲出山彌生式遺跡の研究』.

酒井龍一, 1974,「石庖丁の生産と消費をめぐる二つのモデル」『考古學研究』82.

中間研志, 1985a,「磨製穿孔具集成」(石崎曲り田遺跡Ⅲ)『今宿バイパス關係埋藏文化財調査報告書』11.

中間研志, 1985b,「紡錘車の研究 -我國稻作農耕文化の一要因としての紡織技術の展開について-」(石崎曲り田遺跡Ⅲ)『今宿バイパス關係埋藏文化財調査報告書』11.

中谷治宇二郎, 1924,「東大人類學倉庫跡より發見されし二個の石器に就て」『人類學雜誌』

39-7・8・9.

中島直幸, 1982, 「擦切(有溝)石庖丁について」『菜畑』.

中山平次郎, 1917, 「九州北部に於ける先史原史兩時代中間期間の遺物に就て(二)」『考古學雜誌』7-2.

中山平次郎, 1931, 「今山の石斧製造所址」『福岡縣史蹟名勝天然記念物調査報告書』6.

中山平次郎, 1934, 「飯塚市立岩燒の正の石庖丁製造所址」『福岡縣史蹟名勝天然記念物調査報告書』9.

中村友博, 1980, 「彌生時代の武器形木製品」『東大阪市遺跡保護調査會年報』1979年度.

川越哲志, 1975, 「金屬器の製作と技術」『古代史發掘』4.

村川行弘, 1967, 『田能』.

熊野正也, 1976, 「南關東地方における彌生文化の研究(3) -特に大廄・菊間兩遺跡出土の石器を中心として-」『史館』6.

平野吾郎, 1986, 「東海地方における彌生時代の石器について」『靜岡縣埋藏文化財調査研究所研究紀要』1.

平井典子, 1988, 「中・四國における彌生時代の石器について」『考古學ジャーナル』290.

八幡一郎, 1924, 「原始的擲石具に就いて」『人類學雜誌』39-2.

八幡一郎, 1931, 「石彈子か」『人類學雜誌』46-1.

八幡一郎, 1932, 「石槍に關する二三の問題」『大和考古學』2-3.

八幡一郎, 1933, 「有孔石劍の新資料」『考古學雜誌』23-1.

八幡一郎, 1964, 「古代收穫具石庖丁の系譜-安志敏『中國古代石刀』の紹介を兼ねて」『日本歷史論究・考古學民俗學篇』.

八幡一郎, 1966, 「抉入石斧を繞ぐる諸問題」『信濃』18-7.

八幡一郎, 1967, 「彌生時代紡錘車覺書」『末永先生古稀記念古代學論叢』.

八幡一郎, 1968a, 「朝鮮半島の古代紡錘車資料」『朝鮮學報』49.

八幡一郎, 1968b, 「遼東半島の古代紡錘車」『日本民族と南方文化』.

八幡一郎, 1968c, 「大陸系の磨製石器」『日本文化のあけぼの』.

八幡一郎, 1969, 「イラン國アルボルス山中の古墳出土の紡錘車について」『上智史學』14.

八幡一郎, 1979, 『石彈・土彈』.

八幡一郎 編著, 1982, 『彈談義』.

下條信行, 1975a, 「石器の製作と技術」『古代史發掘』4.

下條信行, 1975b,「北九州における彌生時代の石器生産」『考古學研究』22-1.

下條信行, 1976,「石戈論」『史淵』113.

下條信行, 1977,「九州における大陸系磨製石器の生成と展開」『史淵』114.

下條信行, 1980,「東南アジアにおける外灣刃石庖丁の展開」『鏡山猛先生古稀記念古文化論攷』.

下條信行, 1984,「彌生・古墳時代の九州型石錘について」『九州文化史研究所紀要』29.

和田晴吾, 1981,「漁具資料」『考古學メモワール1980』.

和田晴吾, 1985,「土錘・石錘」『彌生文化の研究』5.

横山邦繼, 1976,「彌生時代石鎌出土遺跡地名表」『福岡市埋藏文化財調査報告書』35.

S.A. セミョーノフ(田中琢抄 譯), 1968,「石器の用途と使用痕」『考古學研究』56.

‖ 역주 참고문헌 ‖

岡村秀典, 1985,「鐵製工具」『彌生文化の研究』5.

福岡縣敎育委員會, 1983,『石崎曲り田遺跡』Ⅰ.

孫晙鎬, 2005,「磨製石器 使用痕分析의 現況과 韓國에서의 展望」『湖南考古學報』21.

鈴木公雄, 1988,『考古學入門』東京大學出版會.

雄山閣, 2004,『季刊 考古學-特集 彌生時代の始まり』88.

熊野正也, 1983,「關東南部」『彌生土器』Ⅰ.

長野縣敎育委員會, 2000,『上信越自動車道 埋藏文化財發掘調査報告書』5.

齋野裕彥, 1998,「片刃磨製石斧の實驗使用痕分析」『仙臺市富澤遺跡保存館研究報告』1.

齋野裕彥, 2001,「石鎌の機能と用途」(上)・(下)『古代文化』53-10・11.

齋野裕彥 外, 1999,「大型石庖丁の使用痕分析」『古文化談叢』42.

井藤曉子, 1983,「近畿」『彌生土器』Ⅰ.

町田貞 外, 1981,『地形學辭典』二宮書店.

早稻田大學考古學會, 2003,『古代-特集 石器使用痕研究の現在』113.

佐原眞, 1983,「彌生土器入門」『彌生土器』Ⅰ.

竹廣文明, 2003,『サヌカイトと先史社會』溪水社.

春成秀爾・今村峯雄, 2004,『彌生時代の實年代』學生社.

土器特寄會論文集刊行會, 2000,『突帶文と遠賀川』.

下條信行, 1995,「大陸系磨製石器の時代色と地域色」『考古學ジャーナル』8.

下條信行, 2002,「北東アジアにおける伐採石斧の展開」『韓半島考古學論叢』.